Negócios Internacionais

Dados Internacionais de Catalogação na Publicação (CIP)
(Câmara Brasileira do Livro, SP, Brasil)

Guedes, Ana Lucia
  Negócios internacionais / Ana Lucia Guedes. — São Paulo:
Thomson Learning, 2007. — (Coleção debates em administração
/ coordenadores Isabella F. Gouveia de Vasconcelos, Flávio
Carvalho de Vasconcelos; coordenador-assistente André Ofenhejm
Mascarenhas)

  Bibliografia.
  ISBN 978-85-221-0593-9

  1. Administração 2. Empresas multinacionais - Aspectos
sociais 3. Negócios 4. Relações econômicas internacionais
I. Vasconcelos, Isabella F. Gouveia. II. Vasconcelos, Flávio
Carvalho de. III. Mascarenhas, André Ofenhejm. IV. Título.
V. Série.

07-2085   CDD-658.049

Índice para catálogo sistemático:

1. Negócios internacionais:
   Administração: 658.049

COLEÇÃO DEBATES EM ADMINISTRAÇÃO

Negócios Internacionais

Ana Lucia Guedes

Coordenadores da coleção
Isabella F. Gouveia de Vasconcelos
Flávio Carvalho de Vasconcelos

Coordenador-assistente
André Ofenhejm Mascarenhas

Austrália Brasil Canadá Cingapura Espanha Estados Unidos México Reino Unido

THOMSON

Gerente Editorial: Patricia La Rosa	**Supervisora de Produção Gráfica:** Fabiana Alencar Albuquerque	**Composição:** ERJ – Composição Editorial e Artes Gráficas Ltda.
Editora de Desenvolvimento: Ligia Cosmo Cantarelli	**Copidesque:** Maria Alice da Costa	**Capa:** Eliana Del Bianco Alves
Supervisor de Produção Editorial: Fábio Gonçalves	**Revisão:** Mônica Di Giacomo	

COPYRIGHT © 2007
de Thomson Learning
Edições Ltda., uma divisão
da Thomson Learning, Inc.
Thomson Learning™ é
uma marca registrada, aqui
utilizada sob licença.

Impresso no Brasil.
Printed in Brazil.
1 2 3 4   09 08 07

Condomínio E-Business Park
Rua Werner Siemens, 111
Prédio 20 – Espaço 03
Lapa de Baixo – CEP 05069-900
São Paulo – SP
Tel.: (11) 3665-9901
Fax: (11) 3665-9901
sac@thomsonlearning.com.br
www.thomsonlearning.com.br

Todos os direitos reservados.
Nenhuma parte deste livro
poderá ser reproduzida,
sejam quais forem os meios
empregados, sem a permissão,
por escrito, da Editora. Aos
infratores aplicam-se as
sanções previstas nos artigos
102, 104, 106 e 107 da Lei
nº 9.610, de 19 de fevereiro
de 1998.

**Dados Internacionais de
Catalogação na Publicação (CIP)
(Câmara Brasileira do Livro,
SP, Brasil)**
Guedes, Ana Lucia
Negócios internacionais / Ana
Lucia Guedes. — São Paulo:
Thomson Learning, 2007.
(Coleção debates
em administração /
coordenadores Isabella F.
Gouveia de Vasconcelos,
Flávio Carvalho de
Vasconcelos; coordenador-
assistente André Ofenhejm
Mascarenhas)
Bibliografia.
ISBN 978-85-221-0593-9
1. Administração 2. Empresas
multinacionais – Aspectos
sociais 3. Negócios 4. Relações
econômicas internacionais
I. Vasconcelos, Isabella F.
Gouveia. II. Vasconcelos, Flávio
Carvalho de. III. Mascarenhas,
André Ofenhejm. IV. Título.
V. Série.
07-2085   CDD-658.049
**Índice para catálogo
sistemático:**
1. Negócios internacionais :
Administração   658.049

Para Henrique

agradecimentos

Gostaria de agradecer aos coordenadores da coleção, Isabella F. Gouveia de Vasconcelos e Flávio Carvalho de Vasconcelos, pelo convite para elaborar este livro.

Aproveito para registrar meu agradecimento especial para Alexandre Faria, que me motivou e apoiou durante toda a execução deste projeto desafiador.

Finalmente, agradeço à Fabiana Leal, pela colaboração na organização da bibliografia, e à Leda Santos, por sua valiosa ajuda ao cuidar do Henrique.

apresentação

Debates em Administração

> E o fim de nosso caminho será voltarmos ao ponto de partida e percebermos o mundo à nossa volta como se fosse a primeira vez que o observássemos.
>
> *T. S. Elliot (adaptação)*

O conhecimento transforma. A partir da leitura, vamos em certa direção com curiosidade intelectual, buscando descobrir mais sobre dado assunto. Quando terminamos o nosso percurso, estamos diferentes. Pois, o que descobrimos em nosso caminho freqüentemente abre horizontes, destrói preconceitos, cria alternativas que antes não vislumbrávamos. As pessoas à nossa volta permanecem as mesmas, mas a nossa percepção pode se modificar a partir da descoberta de novas perspectivas.

O objetivo desta coleção de caráter acadêmico é introduzir o leitor a um tema específico da área de Administração, fornecendo desde as primeiras indicações para a compreensão do assunto até as fontes de pesquisa para aprofundamento.

Assim, à medida que for lendo, o leitor entrará em contato com os primeiros conceitos sobre dado tema, tendo em vista diferentes abordagens teóricas, e, nos capítulos posteriores, brevemente, serão apresentadas as principais correntes sobre o tema – as mais importantes – e o leitor terá, no final de cada exemplar, acesso aos principais artigos sobre o assunto, com um breve comentário, e indicações bibliográficas para pesquisa, a fim de que possa continuar a sua descoberta intelectual.

Esta coleção denomina-se **Debates em Administração**, pois serão apresentadas sucintamente as principais abordagens referentes a cada tema, permitindo ao leitor escolher em qual se aprofundar. Ou seja, o leitor descobrirá quais são as direções de pesquisa mais importantes sobre determinado assunto, em que aspectos estas se diferenciam em suas proposições e logo qual caminho percorrer, dadas suas expectativas e interesses.

Debates em Administração deve-se ao fato de que os organizadores acreditam que do contraditório e do conhecimento de diferentes perspectivas nasce a possibilidade de escolha e o prazer da descoberta intelectual. A inovação em determinado assunto vem do fato de se ter acesso a perspectivas diversas. Portanto, a coleção visa suprir um espaço no mercado editorial relativo à pesquisa e à iniciação à pesquisa.

Observou-se que os alunos de graduação, na realização de seus projetos de fim de curso, sentem necessidade de bibliografia específica por tema de trabalho para adquirir uma primeira referência do assunto a ser pesquisado e indicações para aprofundamento. Alunos de iniciação científica, bem como executivos que voltam a estudar em cursos *lato sensu* – especialização – e que devem ao fim do curso entregar um trabalho, sentem a mesma dificuldade em mapear as principais correntes que tratam de um tema importante na área de administração e encontrar indicações de livros, artigos e trabalhos relevantes na área que possam servir de base para seu trabalho e aprofundamento de idéias. Essas mesmas razões são válidas para alunos de mestrado *strictu sensu*, seja acadêmico ou profissional.

A fim de atender a este público diverso, mas com uma necessidade comum – acesso a fontes de pesquisa confiáveis, por tema de pesquisa –, surgiu a idéia desta coleção.

A idéia que embasa **Debates em Administração** é a de que não existe dicotomia teoria-prática em uma boa pesquisa. As teorias, em administração, são construídas a partir de estudos qualitativos, quantitativos e mistos que analisam e observam a prática de gestão nas organizações. As práticas de gestão, seja nos estudos estatísticos ou nos estudos qualitativos ou mistos – têm como base as teorias, que buscam compreender e explicar essas práticas. Por sua vez, a compreensão das teorias permite esclarecer a prática. A pesquisa também busca destruir preconceitos e "achismos".

Muitas vezes, as pesquisas mostram que nossas opiniões preliminares ou "achismos" baseados em experiência individual estavam errados. Assim, pesquisas consistentes, fundamentadas em sólida metodologia, possibilitam uma prática mais consciente, com base em informações relevantes.

Em pesquisa, outro fenômeno ocorre: a abertura de uma porta nos faz abrir outras portas – ou seja – a descoberta de um tema, com a riqueza que este revela, leva o pesquisador a desejar se aprofundar cada vez mais nos assuntos de seu interesse, em um aprofundamento contínuo e na consciência de que aprender é um processo, uma jornada, sem destino final.

Pragmaticamente, no entanto, o pesquisador, por mais que deseje aprofundamento no seu tema, deve saber em que momento parar e finalizar um trabalho ou um projeto, que constituem uma etapa de seu caminho de descobertas.

A coleção **Debates em Administração**, ao oferecer o "mapa da mina" em pesquisa sobre determinado assunto, direciona esforços e iniciativa e evita que o pesquisador iniciante perca tempo, pois, em cada livro, serão oferecidas e comentadas as principais fontes que permitirão aos pesquisadores, alunos de graduação, especialização, mestrado profissional ou acadêmico produzirem um conhecimento consistente no seu âmbito de interesse.

Os temas serão selecionados entre os mais relevantes da área de administração.

Finalmente, gostaríamos de ressaltar o ideal que inspira esta coleção: a difusão social do conhecimento acadêmico. Para tanto, acadêmicos reconhecidos em nosso meio e que mostraram excelência em certo campo do conhecimento serão convidados a difundir esse conhecimento para o grande público. Por isso, gostaríamos de ressaltar o preço acessível de cada livro, coerente com o nosso objetivo.

Desejamos ao leitor uma agradável leitura e que muitas descobertas frutíferas se realizem em seu percurso intelectual.

Isabella F. Gouveia de Vasconcelos
Flávio Carvalho de Vasconcelos
André Ofenhejm Mascarenhas

SUMÁRIO

Introdução   XV

1. Negócios Internacionais   1
2. Abordagens Teóricas   53
3. Relações Governo–Empresa Multinacional   79
4. Considerações Finais   99

Bibliografia Comentada   101

Referências Bibliográficas   107

introdução

O entendimento de negócios internacionais é de grande importância para acadêmicos e profissionais da área de Administração. O contexto internacional contemporâneo é pautado por intenso debate acerca da globalização e da internacionalização de empresas e de mercados. Isso tem resultado em mudanças organizacionais extremas, em oportunidades mercadológicas que decorrem da difusão de investimentos e novas tecnologias e, principalmente, em novas práticas de gestão nos âmbitos público e privado.

Esta obra não se propõe a esgotar as inúmeras implicações do contexto internacional para as empresas, ou, mais especificamente, as conseqüências das negociações e das regulações para a gestão de negócios internacionais. Ao contrário, a obra pretende estimular, com base na descrição do referencial teórico sobre o tema, a capacidade analítica do leitor a respeito do amplo contexto de negócios realizados além das fronteiras nacionais.

A apresentação do tema inicia-se no Capítulo 1, com um amplo debate sobre as empresas multinacionais. Esse debate ilustra a complexidade inerente à pesquisa acadêmica na área de Negócios Internacionais. Em seguida, a evolução da agenda de pesquisa na área de Negócios Internacionais é brevemente descrita, a fim de diferenciar essa área da de Gestão Internacional. No último item, são discutidas as implicações do fenômeno da globalização nos Negócios Internacionais.

Nesta obra assume-se que o entendimento das práticas de empresas multinacionais requer a adoção de abordagem interdisciplinar, envolvendo as áreas de Relações Internacionais, Economia Política Internacional, Negócios Internacionais e Gestão Internacional. As decisões estratégicas e práticas dessas empresas contemplam múltiplos níveis de análise (global, internacional, nacional e interorganizacional) que consideram complexidades e interdependências referentes aos negócios internacionais.

Diante da multiplicidade de perspectivas em negócios internacionais, as principais abordagens teóricas são agrupadas, no Capítulo 2, em análises econômicas, comportamentais, culturais, gerenciais e de barganha (entre governos e empresas multinacionais).

No Capítulo 3 destacam-se as relações entre governo e empresa multinacional. Além de apresentar abordagens interdisciplinares que adotam o modelo de barganha, enfatizam-se a importância das relações entre multinacionais e governos de países em desenvolvimento e, finalmente, a internacionalização de empresas desses países.

No último capítulo, a globalização econômica e a crescente internacionalização das empresas são problematizadas com o propósito de destacar as conseqüências para a teoria e a prática de negócios internacionais. Além disso, a abordagem de barganha entre governo e empresa multinacional permite refletir sobre as estratégias de atração de investimentos externos diretos e de internacionalização das empresas em países em desenvolvimento. Ao tratar dessas questões em conjunto, a obra visa preencher lacunas importantes na literatura de Negócios Internacionais (NI).

capítulo 1

Negócios Internacionais

O FENÔMENO DA EMPRESA MULTINACIONAL

Segundo Grosse e Behrman (1992), negócios internacionais têm sido tema de pesquisa acadêmica desde o início do século XX, principalmente com temas voltados ao comércio e às relações interfirmas. Os estudos de atividades de exportação, de investimento externo direto (IED), de transferência de tecnologia e de gestão de empresas transnacionais (ETNs) foram reconhecidos como pesquisa acadêmica somente nas últimas décadas.

A expansão dos fluxos de investimentos diretos entre os países no pós-Segunda Guerra atraiu a atenção de alguns poucos acadêmicos para o fenômeno da internacionalização de empresas. Entre os estudos pioneiros destacam-se os produzidos por autores que viviam nos Estados Unidos e na Europa (Vernon, 1966; Hymer, 1976; Gilpin, 1975; Johanson e Vahlne, 1977 e Dunning, 1977, 1980). Vernon, o pioneiro, desenvolveu o modelo do ciclo do produto de IED, enfatizando a importância da liderança econômica (o tamanho do mercado americano) e tecnológica (superioridade em pesquisa e desenvolvimento) para a expansão das empresas americanas na década de 1960.

Desafiando a abordagem econômica, Hymer (1976) demonstrou que IED era fundamentalmente diferente de investimento de portfólio e que poderia ser considerado parte da estratégia de expansão de uma empresa diante do seu interesse em controlar unidades produtivas em outros países. Hymer argumentou que as firmas americanas investiram no exterior para explorar e preservar alguma vantagem específica ou de monopólio.

Seguindo uma abordagem de economia política, Gilpin (1975) argumentou que o sucesso das empresas multinacionais (EMNs) devia-se ao ambiente político internacional favorável. Mais especificamente, o autor destacou a estreita relação entre as multinacionais americanas e a política externa dos Estados Unidos no pós-guerra.

Na Europa, Johanson e Vahlne (1977) desafiaram as abordagens de natureza econômica e de economia política desenvolvidas nos Estados Unidos. Eles descreveram internacionalização da empresa como um processo experimental de aquisição de conhecimento, em vez de um processo de alocação de recursos como fora tratado na abordagem clássica de Vernon.

Finalmente, Dunning (1977; 1980) desenvolveu a teoria eclética das EMNs, destacando a vantagem tecnológica da firma como fator fundamental para explicar um estágio particular na evolução dessas empresas.

Jones (2000) destaca o caráter crítico das abordagens desenvolvidas por Vernon (1971), Gilpin (1975) e Hymer (1976). Esses estudos foram esquecidos nas análises das áreas de Economia Internacional, Negócios Internacionais e Gestão Estratégica, mas foram considerados nas áreas das Ciências Sociais, como Economia Política Internacional e Sociologia.

Sklair (2002), um dos acadêmicos mais representativos da área de Sociologia Global, descreve detalhadamente a profusão de pesquisas no âmbito da Sociologia voltada às corporações transnacionais. O autor argumenta que as abordagens predominantemente econômicas e críticas (como as desenvolvidas por Vernon e Hymer) acabaram por influenciar o debate sobre ETNs em outras disciplinas das Ciências Sociais. Cabe destacar que a literatura crítica é diversificada, ainda que não muito reconhecida pelos principais acadêmicos de NI. É possível identificar abordagens mais radicais sobre o papel das ETNs no sistema capitalista (Jenkins, 1987); obras anticorporação e antiglobalização (Korten, 1996; Monbiot, 2000; Klein, 1999; Mokkiber e Weissman, 1999); estudos setoriais críticos (Sklair, 2001), bem como estudos críticos sobre alianças estratégicas e redes globais (Dicken, 1998).

O interesse acadêmico e gerencial pelo âmbito dos negócios internacionais cresceu rapidamente, sem incorporar, no entanto, as respostas das firmas para políticas nacionais e ações governamentais. Segundo Grosse e Behrman (1992), intervenções governamentais são centrais para a prática e a análise no âmbito dos negócios internacionais. Segundo esses autores, qualquer teoria de negócios internacionais deve ser uma teoria sobre políticas e atividades de governos e de negócios, atuando em conflito e em cooperação. Embora existam muitos estudos sobre relações entre empresas e governos na área de NI, esse foco não ganhou a esperada força. Isso se deve às discordâncias que ainda existem acerca da definição de negócios internacionais e acerca do escopo da disciplina. Existem divergências entre os que se fundamentam em constructos teóricos e os que se baseiam em evidências empíricas.

Grosse e Behrman (1992) destacam que a base teórica dos estudos em NI se vincula tradicionalmente ao âmbito das teorias econômicas. As exceções, como ilustra a tabela a seguir, são as abordagens de vantagem competitiva, com base na área de Estratégia, e de teoria da barganha, com base em Ciência Política. Dentre todas as contribuições, apenas a última – teoria da barganha – parece ter mantido o caráter crítico presente nas primeiras abordagens focadas na internacionalização de empresas.

Ao longo dos anos 1980, o escopo da área de NI foi expandido, e também a dimensão internacional das áreas funcionais da Administração. Isso ocorreu por meio de estudos conduzidos principalmente por acadêmicos norte-americanos, em face da globalização dos negócios e dos mercados. Assim, as ETNs têm sido sistematicamente investigadas por meio de abordagens das áreas específicas da Administração – tais como estratégia, marketing e finanças –, e também de abordagens da Economia e Ciência Política (ver Grosse e Behrman, 1992).

Tabela 1.1 – Bases teóricas da pesquisa em Negócios Internacionais

Abordagens	Base Teórica	Principais Proponentes
Ciclo internacional do produto	Economia e Marketing	Vernon; Wells
Competição monopolista	Economia	Hymer; Kindleberger; Caves; Grosse
Internalização	Economia	Buckley e Casson; Rugman
Custos de transação	Economia	Teece; Hennart; Casson
Vantagem competitiva	Estratégia de Negócios	Caves; Kogut; Ghoshal; Porter
Teoria eclética	Economia	Dunning
Arbitragem do mercado nacional	Finanças	Aliber
Teoria da barganha	Ciência Política	Robinson; Vernon; Moran; Gladwin e Walter; Fayerweather

Fonte: Adaptado de Grosse e Behrman, 1992, p. 113.

Na vasta literatura com foco nas EMNs, produzida a partir da década de 1990, encontram-se pesquisas sobre os atributos que diferenciam essas empresas das empresas domésticas (ver Sundaram e Black, 1992); que identificam as relações das multinacionais com os governos (ver Grosse e Behrman, 1992; Dunning, 1998; Grosse, 2005); tratam do poder relativo dessas corporações na economia mundial (ver Gilpin, 2001; Strange, 1994; 1996; Sklair, 1998), e analisam seus impactos na difusão da ideologia de consumo de massa (ver Sklair, 2001).

O cenário torna-se ainda mais complicado quando identificamos que pesquisadores de diferentes áreas (e também dentro das áreas específicas) tratam indistintamente empresas como internacionais, multinacionais, globais ou transnacionais. De fato, as definições são confusas. Bartlett e Ghoshal (1989), por exemplo, fazem a diferenciação entre empresas globais e transnacionais com base na mentalidade dos gerentes. Entretanto, não há consenso na literatura quanto à existência de empresas globais. Contractor (2000a), por sua vez, problematiza a diversidade de terminologias aplicadas a esse tipo de organização: o termo "internacional" é amplamente usado para descrever qualquer empresa com operações em mais de uma nação; "multinacional" para descrever uma federação de corporações semi-autônomas sob a propriedade de uma empresa cujas ações são negociadas principalmente em uma nação; "globais" para empresas com elevado grau de integração, e finalmente "transnacionais" são descritas como empresas que procuram equilíbrio entre as forças de integração global e de adaptação nacional.

Em razão da complexidade e da variedade de definições[1], importantes autores (Sundaram e Black, 1992; Grosse e Behrman, 1992; Dymsza, 1984) argumentam que é difícil manter discussões sobre NI por meio de um número limitado de perspectivas ou de uma perspectiva limitada. A necessidade de abordagens interdisciplinares para a investigação de ETNs faz parte de um importante debate que se desenvolveu na área de NI mais fortemente a partir do início da década de 1990.

---

[1] A adoção do conceito de "transnacional" em vez de "empresa multinacional" nesta obra está fundamentado em Strange (1994, p. 76). A autora afirma que o termo empresa transnacional é mais preciso porque como corporação elas não são, em termos de controle, "multi-nacionais". Elas são, de fato, empresas nacionais operando transnacionalmente. No entanto, os conceitos de "empresas internacionais, multinacionais ou globais" e de "corporações multinacionais ou transnacionais" serão reproduzidos sempre que refletirem as escolhas dos autores selecionados.

Autores das áreas de Economia, Política Internacional (Strange, 1994) e de Negócios Internacionais (Stopford e Strange, 1991) foram um pouco mais específicos sobre a necessidade de desenvolver abordagens interdisciplinares. Eles ressaltaram que a crescente interdependência da economia mundial no contexto da globalização resulta em interfaces complexas entre governos e empresas. A investigação das relações entre governos e empresas resultou em uma abordagem interdisciplinar, raramente adotada (ver Guedes, 2005; 2006). Em tal abordagem a estrutura de análise foi denominada por Stopford e Strange (1991) de diplomacia triangular. Mais especificamente, a estrutura de análise contempla três conjuntos de relações: governo–governo, empresa–empresa e governo–empresa, que correspondem respectivamente às disciplinas de Relações Internacionais, Economia Política Internacional, Negócios Internacionais e Gestão (nacional e internacional).

Choucri (1993) argumenta que as perspectivas teóricas aplicadas à investigação de EMNs estão subordinadas a lentes específicas de três disciplinas: (1) análises de relações internacionais em ciência política, (2) análises de mercado em economia, e (3) teoria organizacional em negócios e gestão. Ghoshal e Westney (2005) exploram contribuições potenciais entre as áreas de Teoria Organizacional (no nível macro das interações entre a organização e o ambiente externo) e de Gestão Internacional. Os autores afirmam que, com possível exceção da teoria da contingência, nenhum paradigma da Teoria Organizacional teve impacto no estudo das EMNs e que nenhuma pesquisa sobre multinacionais recebeu a devida atenção dos teóricos organizacionais.

Contractor (2000a) argumenta que a prática e o estudo de negócios e gestão (nos contextos nacional e internacional) são multifuncionais, multidimensionais, interdisciplinares e ecléticos. Segundo ele, acadêmicos de Gestão Internacional (GI) deveriam estar mais bem posicionados para contribuir com perspectivas balanceadas e de maior poder explicativo. O autor justifica GI como um campo de estudo por causa da existência de uma instituição chamada de "firma internacional" ou "multinacional" e pelas diferenças substanciais que se observam entres os países. Contractor também identifica sobreposições de interesses entre as áreas de GI e NI e salienta que ambas não vêm abordando a interação da firma com as instituições supranacionais, apesar de a área de NI tratar em certa medida de governos nacionais.

Martínez e Toyne (2000) também destacam a necessidade de mais pesquisas interdisciplinares, de múltiplos níveis, para desenvolver teorias na crescente área de GI. Assim, as interfaces com a área de NI são evidenciadas. Os autores identificam três paradigmas de NI: (a) paradigma da extensão, (b) paradigma de gestão transfronteira, e (c) paradigma da "interação emergente". O primeiro pressupõe a universalidade dos conceitos de gestão desenvolvidos nos Estados Unidos, que passam a ser internacionalizados, replicados e verificados em outros contextos nacionais. O segundo foca nos desafios para as organizações e para a gestão das operações em vários países, sem a necessidade de resultar em teorias únicas de gestão. O terceiro procura entender e explicar processos de negócios culturalmente distintos, que estão em interação e, por isso, contribuem com um tipo de conhecimento único em gestão. Para os autores, os dois últimos tipos de investigação podem ser classificados como estudos de GI.

Martínez e Toyne argumentam que o avanço da área de Gestão, em geral, e de GI, em particular, envolve três grandes desafios: (1) estudos multidisciplinares e interdisciplinares, (2) construção de teorias de múltiplos níveis, e (3) pesquisa colaborativa *cross*-cultural (ver também Easterby-Smith e Malina, 1999). Eles enfatizam que a "pesquisa baseada em teorias de múltiplos níveis, múltiplas unidades de análise, desenhos interdisciplinares e equipes multiculturais/multinacionais" são necessárias para desenvolver "uma área de Gestão realmente internacional em escopo" (2000, p. 25). Mas os autores não indicam quais são as demais disciplinas que deveriam ser consideradas nos estudos multidisciplinares e interdisciplinares, além dos paradigmas – de gestão transfronteira e da interação emergente – de NI.

Essa breve revisão da literatura evidencia a diversidade de abordagens sobre ETNs. No entanto, essa revisão engloba distintas áreas do conhecimento, como Economia, Sociologia, Relações Internacionais, Economia Política Internacional, Negócios Internacionais e Gestão Internacional. Estas raramente compartilham as explicações e/ou o entendimento do fenômeno específico das ETNs.

As pesquisas sobre ETNs são, em primeiro lugar, estudos dos atributos específicos do fenômeno e, em segundo lugar, estudos de validação e expansão de teorias existentes. Segundo Roth e Kostova (2003), uma terceira contribuição de pesquisas sobre ETNs é permitir o desenvolvimento de novas teorias. A expansão dos modelos teóricos existentes pode se dar pela adição de variáveis ou uso de abordagens multidisciplinares, com múltiplas teorias e níveis de análise. Novas teorias devem se concentrar em aspectos conceituais para que possam levar a outros mecanismos explicativos, conceituações e modelos teóricos. Em resumo, os autores destacam que o estudo do fenômeno das ETNs parece promissor dentro do campo das Ciências Sociais, o que é de bastante importância para a área de NI.

O próximo tópico retoma algumas dessas questões com o propósito de descrever a evolução da área acadêmica de NI, centrando-se nas agendas de pesquisa.

EVOLUÇÃO DA AGENDA DE PESQUISA

O debate contemporâneo acerca da inclusão de novos temas, abordagens mais rigorosas e pesquisa multidisciplinar não é recente na área de NI. A discussão sobre a importância de desenvolver teorias mais válidas em novos tópicos data do início da década de 1980 (ver Dymsza, 1984). Nesse sentido, cabe destacar que os editores do *Journal of International Business Studies* (*JIBS*)[2] fornece-

---

[2] Periódico oficial da *Academy of International Business*, associação fundada em 1959 pelos acadêmicos da área de Negócios Internacionais nos Estados Unidos.

ram, nos números de 1983, as seguintes sugestões de temas para pesquisa e para publicação de artigos: marketing internacional, desenvolvimento e comércio internacional, contabilidade internacional, finanças internacionais, empresas multinacionais e gestão internacional.

Dymsza (1984) reafirma o caráter multidisciplinar de NI, apesar de reconhecer que a maioria dos autores dessa área tem formação em economia. Ele enfatizou que NI é um campo de estudo multidisciplinar porque seus pesquisadores usam outros campos das ciências sociais, como Economia, Ciência Política, Sociologia, Psicologia, História, Antropologia, Direito e os campos funcionais da Administração de negócios (como finanças, marketing, produção e recursos humanos).

No entanto, Inkpen e Beamish (1994) lembram que, embora a vasta maioria dos autores do *JIBS* classifica seus trabalhos como interdisciplinares, Dunning (1989) argumentou que o progresso obtido até então era insuficiente. Inkpen e Beamish fazem então uma avaliação dos 25 anos de pesquisas publicadas no *JIBS* para identificar a evolução mais recente. Dentre os resultados destacam que, no período de 1970-1974, somente instituições de quatro países estavam representadas – Canadá, Suécia, Reino Unido e Estados Unidos (com 93% dos autores). No período de 1990-1994, 23 países estavam representados, e a participação dos autores dos Estados Unidos diminuiu para 67% do total, tendo a Universidade da Carolina do Sul (South Carolina University) como instituição-líder.

Os resultados quanto ao conteúdo das publicações indicam que, nos primeiros 20 anos do *JIBS*, artigos orientados para finanças e economia totalizaram de 25% a 40% do total. Outro conteúdo que permaneceu constante foi marketing internacional. Houve aumento de conteúdo dos tópicos de gestão e política de negócios – nos quais gestão se refere a gestão comparativa, gestão *cross*-cultural e de sistemas de informação, e políticas de negócios inclui estratégia, competição e mercado global.

Em paralelo, a teoria voltada para IED e EMN tornou-se forte foco de pesquisa, e ficaram ainda mais importantes os temas competição, mercado global, organização interfirma e gestão de recursos humanos. No mesmo período houve declínio de interesse dos pesquisadores por alguns temas, como comércio internacional, gestão de câmbio, custo de capital e estrutura financeira.

Sullivan (1998a) discute as implicações da visão "mais estreita de NI", com base na análise de 27 anos de publicações no *JIBS*. Os resultados obtidos indicam dominância de racionalidade analógica nas interpretações das pesquisas em NI. Ao final, o autor destaca o mérito de abordagens dialéticas e a pressão que esse tipo de tarefa impõe aos membros da Academy of International Business (AIB).

Dunning (1989) assume a orientação pragmática da disciplina de NI, a par dos mais importantes desenvolvimentos no tema e com alta proporção de acadêmicos atuando como consultores. Ele identifica duas fases no estudo de NI. A primeira vai da metade dos anos 1950 até o final de 1960. O tema era ensinado e pesquisado por um reduzido número de acadêmicos que ajudaram na formação e desenvolvimento da AIB.

Como naquele momento havia, fora dos Estados Unidos, poucas escolas de negócios orientadas para pesquisa, os acadêmicos norte-americanos, treinados em gestão econômica e marketing, dominavam a prática e o estudo de NI sob uma abordagem que desconsiderava influências culturais. A lógica predominante concentrava-se em adicionar uma dimensão internacional aos estudos de negócios domésticos.

Os acadêmicos norte-americanos são pioneiros na institucionalização dos âmbitos de Negócios Internacionais e, posteriormente, de Gestão Internacional. A AIB foi criada em 1959, e a International Management Division (IMD) da Academy of Management surgiu na década de 1970. O currículo nas escolas de negócios demorou para ser atualizado e só foi "internacionalizado" (ainda que de maneira insatisfatória) a partir da década de 1980 (Contractor, 2000a).

Buckley (2005, p. 3) identifica os fundadores da AIB como "um grupo de acadêmicos que tinham o zelo missionário bem como um embasamento em gestão, marketing, finanças ou economia".

A segunda fase foi liderada por acadêmicos não-americanos e que abordavam aspectos internacionais em seus respectivos temas, fora das escolas de negócios. Essas pesquisas, que são politicamente orientadas e coincidem com o crescimento dos investimentos externos dos Estados Unidos nos anos de 1950 e 1960, tratavam das conseqüências econômicas dos investimentos nos países de origem e nos países de destino, onde se localizam as filiais das EMNs. Destaca-se nessa fase o "Projeto Multinacionais", de Raymond Vernon, na Harvard Business School (ver Vernon, 1994). Tais pesquisas foram feitas principalmente por economistas, com base em teoria econômica e finanças, com foco nas motivações e nos determinantes para IED por parte de EMNs, seguindo uma perspectiva unidisciplinar.

Nos anos 1970 a maioria das pesquisas era unidisciplinar e defendia estudos em NI por meio da extensão das áreas funcionais. Esse é o chamado paradigma da extensão. Ao final da década de 1980, Dunning (1989) avalia que o estudo de NI alcançou certa maturidade por meio de teorias e paradigmas próprios, que têm certo apelo fora do âmbito das principais disciplinas que constituem NI (economia, organizações, marketing, gestão e finanças). Como áreas de pesquisa mais promissoras em NI, Dunning (1989) identificou as interseções entre partes específicas da teoria organizacional e economia, finanças e gestão estratégica, e marketing e estudos *cross*-culturais.

Vernon (1994) classifica três âmbitos que dizem respeito a NI: problemas que empresas nacionais enfrentam nas conduções de trocas comerciais com países estrangeiros (comércio e pagamentos internacionais); problemas que gerentes enfrentam nos esforços de controlar uma rede internacional (empresas multinacionais) e práticas de negócios comparativas em países estrangeiros (sistemas nacionais de negócios comparativos).

Em 1959, na Harvard Business School, Vernon menciona que membros desta e de outras escolas de negócios nos Estados Unidos estavam envolvidos na criação de escolas similares no exterior. Por sua vez, Dunning (1989) ressaltou, no final da década de 1980, que NI faz parte da agenda política de países como Estados Unidos, Canadá e Reino Unido, em decorrência dos acordos de integração regional, como o Nafta (North American Free Trade Agreement, que envolve Estados Unidos, Canadá e México) e a União Européia. O interesse político em NI ajuda a explicar o estabelecimento de centros de pesquisas financiados pelos governos dos Estados Unidos, Canadá e Reino Unido. Essas questões ajudam a explicar a concentração regional de desenvolvimento da área e também a necessidade de desenvolver uma abordagem mais crítica, especialmente em países menos desenvolvidos.

Vernon descreve, em três fases, sua experiência de ensino em NI. A primeira, no início dos anos 1960, era de total autonomia com relação ao conteúdo dos cursos de NI e com a ausência de influências sobre os demais cursos, como marketing e finanças. Depois, a Harvard Business School decidiu adotar uma estrutura formal com base em áreas funcionais, e NI passou a ser designada como tal. No final dos anos 1960, a escola propôs abolir a área de NI com o argumento de que as várias áreas funcionais deveriam internacionalizar seus respectivos currículos. Por causa disso Vernon recomenda atenção com o futuro de NI, especialmente com a parte do currículo que trata dos sistemas nacionais comparativos (ver Hampden-Turner e Trompenaars, 1995; Gilpin, 2001). Porque, para acadêmicos norte-americanos, "a história, os valores e as instituições dos Estados Unidos continuam a dominar nosso pensamento e a encurtar nossa visão" (Vernon, 1994, p. 227).

Toyne e Nigh (1998) analisam dois paradigmas que guiaram o campo de NI para, em seguida, introduzir um novo paradigma, capaz de alterar a investigação nessa área. Eles sugerem que a firma como unidade central de análise deve ser substituída por uma visão hierárquica, com múltiplos níveis de análise referentes ao processo de negócios internacionais. Os autores argumentam que investigações em NI são e devem ser sobre negócios, apesar de predominantemente focadas nas atividades das firmas por causa das influências das pesquisas iniciais. Para os autores, dizer que o campo de NI suporta uma abordagem multidisciplinar não é suficiente. O fundamental é alterar o foco da investigação da firma para os processos de negócios. Com essa mudança, segundo os autores, a "centralidade da investigação de NI e sua contribuição serão claramente estabelecidas" (1998, p. 865).

Dois paradigmas – extensão e gestão transfronteira – têm dominado a maioria das investigações em NI nos últimos 40 anos. O paradigma da extensão considera negócios internacionais como extensão das atividades da firma através das fronteiras nacionais. O foco principal desse paradigma é o ajustamento e a adaptação das atividades em virtude das diferenças entre os ambientes dos países de origem e os dos países de destino. A firma é o objeto de análise, e as questões que norteiam as atividades de pesquisa são as da firma doméstica, como finanças e marketing. Segundo Toyne e Nigh (1998), essa forma de pesquisa de NI é paroquial porque as perguntas, as metodologias e o conhecimento empregados são guiados por paradigmas, teorias, metáforas e metodologias aceitos e usados pelos pesquisadores das áreas funcionais.

O paradigma da gestão transfronteira está centrado nos problemas causados pelos movimentos de produtos e de capital pelas fronteiras nacionais e pela necessidade de monitorar, coordenar e integrar operações e atividades existentes em mais de um país. Diferente do paradigma da extensão, esse modelo apresenta negócios internacionais como distinto dos negócios nacionais, porque reconhece a necessidade de desenvolver um método efetivo para gerenciar a diversidade de ambientes (1998, p. 866).

Na opinião de Toyne e Nigh, esse paradigma considera complicações associadas a operações em múltiplos países. E também assume que negócio é negócio, independentemente de onde é praticado, e a atividade consiste em tarefas tradicionalmente definidas como marketing, produção, gestão de pessoal, finanças e contabilidade. Em suma, esse segundo paradigma sustenta que há uma única definição de negócios com variações causadas por diferenças estruturais ambientais.

O terceiro paradigma é o da "interação emergente". Apresenta NI como um processo hierárquico, com múltiplos níveis de análise, resultante da interação de dois ou mais processos de negócios de múltiplos níveis e que estão socialmente enraizados (1998, p. 866). Conforme os processos evoluem, os resultados organizacionais e a própria firma são alterados. Os autores sugerem que, para entender as "entidades" de NI, são necessárias teorias que expliquem as diferenças, não as semelhanças, inicialmente nos níveis nacionais e subseqüentemente no nível internacional.

Segundo essa perspectiva, tanto a disciplina de economia quanto as de antropologia, história, economia política e sociologia podem contribuir para compreender o fenômeno de negócios internacionais e também os processos nacionais de negócios.

Da mesma forma que Contractor (2000a), Toyne e Nigh (1998) argumentam que há vários níveis da organização – que se estendem do nível individual ao supra-societal – que restringem, capacitam e moldam os processos de negócios internacionais. Uma possível hierarquia de níveis para pesquisas em NI que sigam essa abordagem é apresentada na Tabela 1.2. No entanto, os autores notam que os fenômenos incluídos em um nível são observáveis e funcionalmente incomensuráveis em outro nível próximo.

De acordo com Toyne e Nigh (1998, p. 871), as implicações do paradigma da interação emergente para a investigação em NI são as seguintes: (a) intensifica a natureza multidisciplinar de NI, envolvendo disciplinas funcionais de negócios, como marketing e finanças; (b) proporciona foco ao estudo de NI – negócio em vez de firma; (c) refuta a visão econômica de processos de negócios separados da sociedade, porque negócio é enraizado na sociedade, e negócios internacionais envolvem "negócios em sociedades"; (d) modifica a relação de NI com outros campos, de multidisciplinar para interdisciplinar, e integrando mudanças de ambas as disciplinas; (e) envolve múltiplos níveis de análise – do indivíduo ao supra-societal; (f) estabelece a dinâmica da evolução dos processos de negócios internacional e nacional como intermitente.

Tabela 1.2 – Múltiplos níveis de Negócios Internacionais

Nível Hierárquico	Exemplos de Condições de Fronteira
Supra-societal	Direitos humanos, preocupações ambientais, acordos multilaterais comerciais e sistema monetário internacional, no âmbito das organizações internacionais (Nações Unidas, Organização Mundial do Comércio, União Européia, entre outras).
Societal (ou nível do Estados-Nacionais)	Distinção histórica, sociocultural, econômica e política dos Estados-Nacionais; suas aspirações individuais e coletivas por meio de leis, regras, regulações, impostos e educação e as respectivas organizações reguladoras e fiscalizadoras.
Indústrias	Enraizadas nos processos de negócios nacionais em relação a eficiência e especialização econômicas; resultam em condições de intensidade competitiva e características da tecnologia e dos investimentos.
Firmas	Capacidades organizacionais, bases de recursos, força de trabalho e escopo geográfico; constituem as condições em relação a políticas, procedimentos, direções estratégicas e orçamentos.
Grupos	Foco divisional, *expertise* funcional, capacidades e talentos gerenciais, como condições para indivíduos desenvolverem comportamento e autoridade.
Indivíduos	Propriedades intrínsecas dos grupos em relação a potencial motivação, talentos, capacidades, habilidades e conhecimento.

Fonte: Adaptado de Toyne e Nigh, 1998, p. 868.

O paradigma da interação emergente não substitui os dois paradigmas atuantes no nível da firma, que continuam dominando a investigação em NI. O paradigma da interação emergente é particularmente importante por reconhecer que o fenômeno e as relações de NI são bem mais amplos (incluindo outras organizações que não a firma) e vão além dos fatores que ocorrem na chamada "firma econômica" (ver Sullivan, 1998b).

Martínez e Toyne (2000) examinaram os principais paradigmas de NI e suas respectivas implicações para GI. Os autores argumentam que os três paradigmas de NI – (a) extensão, (b) gestão transfronteira, e (c) interação emergente – sugerem que a palavra "internacional" tenha um significado diferente daquele tradicionalmente usado.

O primeiro paradigma enfatiza a limitação cultural dos negócios em outros ambientes (cultural, econômico, legal e político). Seus questionamentos buscam entender a influência dos fatores ambientais nas operações organizacionais e de gestão. O segundo paradigma aborda os desafios enfrentados pelas organizações quando operam em diversos países ao mesmo tempo. O terceiro paradigma foi construído em cima do conhecimento acumulado com os dois primeiros e tenta explicar se a experiência adquirida na gestão em diferentes locais modifica as práticas no país de origem e no de destino, onde estão as filiais das EMNs.

No final, Martínez e Toyne argumentam que investigar as empresas multinacionais é importante, porém não deve ser o foco primário da área de GI por ser muito restritivo. Os autores afirmam que pesquisa em gestão se tornou mais complexa e multidimensional nas últimas décadas, envolvendo atividades que não são ligadas diretamente à gestão, como educação e consultoria. Segundo os autores, a área de GI deveria seguir esse caminho.

Stopford (2002) afirma que a obra de Rugman e Brewer (2001) reflete os debates existentes no campo de NI e desperdiça mais uma oportunidade para promover conexões entre as abordagens correntes. Segundo Stopford a obra defende que NI não consegue encorajar trabalhos interdisciplinares, apesar dos desdobramentos contemporâneos que colocam as "EMNs no centro do palco nos assuntos mundiais".

Segundo Buckley (2002), a pesquisa em NI aborda três tópicos principais: (1) a explicação dos fluxos de IED; (2) a existência, a estratégia e a organização de EMNs; (3) o desenvolvimento da internacionalização de firmas e os novos desdobramentos da globalização. Esses tópicos correspondem a três fases distintas da agenda de pesquisas em NI. A primeira refere-se ao período do pós-Segunda Guerra Mundial, com ênfase nos fluxos de capital dos Estados Unidos para a Europa Ocidental, até os anos 1970. A segunda compreende o período de 1970 a 1990. A terceira fase compreende meados dos anos 1980 até 2000.

Buckley (2002, p. 369) reconhece que essa divisão em três fases específicas ignora dois tópicos importantes dos estudos teóricos e empíricos de NI: o papel da cultura e o impacto das diferenças culturais nacionais. Denominadas "gestão comparativa", essas contribuições em NI são usualmente agrupadas, juntamente com outras literaturas que seguem uma abordagem "mais gerencialista", no âmbito da "gestão internacional" (ver Buckley, 1996). Isso se deve principalmente ao uso de uma abordagem metodológica específica – o método comparativo.

A fase atual de agenda de pesquisa caracteriza-se pela ausência de uma grande questão empírica. A literatura concentra-se em vários tópicos, como fusão e aquisição, gestão do conhecimento, conceito de globalização, papel das organizações não-governamentais e o estudo de determinados países (atualmente com ênfase na China e na Índia).

A ausência dessa grande questão norteadora para a agenda de pesquisa na área aquece o debate sobre a legitimidade de NI como disciplina autônoma. Além disso, traz à tona o problema das relações entre NI e outras áreas funcionais da Gestão e das Ciências Sociais (Buckley, 2002, p. 370). Na opinião do autor, sem uma estreita interação entre desenvolvimento teórico e realidade empírica, NI acaba se tornando uma área para a aplicação de conceitos de outras disciplinas.

Buckley e Casson (2003) fazem uma análise retrospectiva da temática de pesquisas dos anos 1970. A obra dos autores foi escrita em uma época de grandes debates no âmbito de Economia Política Internacional, que discutia o poder (ou a "hegemonia global") das multinacionais. Dentre as evidências desse período destacam-se a tentativa de construção de um Código de Conduta no âmbito do United Nations Centre on Transnational Corporations (hoje apenas uma divisão da United Nations Conference on Trade and Development) e também o "Projeto Multinacional", de Vernon (ver Vernon, 1994). A questão central de pesquisa nesse período era o poder monopolístico das EMNs, ainda que Buckley e Casson (1976) entendessem que o tema principal era a inovação.

Ao longo do tempo, a pesquisa acadêmica em NI divorciou-se das questões políticas, sociais e econômicas (Buckley e Casson, 2003, p. 221); abordagens qualitativas em vez de quantitativas parecem ser a regra, e positivismo e parcimônia têm sido diluídos na chamada "abordagem multidisciplinar".

Segundo a avaliação crítica de Meyer (2004, p. 261), a obra de Buckley e Casson tinha a intenção de contribuir para os debates políticos daquela época. Entretanto, estimulou a produção de pesquisas centradas principalmente em como gerenciar melhor os negócios para maximizar os lucros. Nas palavras de Meyer, o foco passou a ser "como gerenciar melhor os negócios para obter lucro, mas não como cidadãos socialmente responsáveis".

Para Shenkar (2004, p. 161), os acadêmicos de NI foram forçados a desenvolver um mercado protegido por meio da criação dos seus próprios periódicos e instituições (por exemplo, a AIB e o *JIBS*). Como área emergente, NI não podia competir em termos iguais e, por conseguinte, não poderia alcançar os padrões de rigor teórico e metodológico que prevaleciam entre as disciplinas estabelecidas no campo da Gestão. No final das contas, o extraordinário crescimento da economia global ao longo dos anos 1980 e 1990, com grande volume de comércio internacional e de fluxos de IED, forneceu *status* e relevância à área de NI.

As áreas funcionais incorporaram tópicos internacionais. Ademais, alguns bons resultados foram obtidos com a internacionalização do currículo e da pesquisa em muitas escolas de negócios. Na década de 1990, caracterizada pela globalização, NI esteve sob ataque por causa da tendência nos Estados Unidos de desmantelar os departamentos de NI – seguindo o exemplo da Harvard Business School (ver Vernon, 1994), ou de fusão com os departamentos de Estratégia e Economia (Shenkar, 2004, p. 162).

Uma série de debates internos se seguiu (ver Toyne e Nigh, 1998) sem produzir alterações substanciais no campo de NI. Os debates acerca da identidade, das fronteiras e das direções de NI vêm sendo conduzidos há 15 anos, e esse quadro de indefinições vem ajudando a perpetuar mitos, em vez de promover avanços substanciais. Para os proponentes da abordagem econômica – que entendem a Economia como a disciplina de origem de NI –, o campo inicia-se com a tese de Stephen Hymer (de 1960), sob a orientação de Charles Kindleberger (ver Kindleberger, 2002).

A esse respeito cabe destacar que, na opinião de Dunning (2006, p. 116), a tese e alguns dos últimos trabalhos de Hymer pareciam menos com a tradição econômica de organização industrial e mais com economia política internacional. É importante enfatizar também as contribuições anteriores de Edith Penrose (1959) e Fayerweather (1959). Trata-se de abordagens econômicas que contribuem para a teoria das EMNs, na qual essas empresas são vistas como fenômeno recente, e não milenar.

Outras contribuições anteriores ao trabalho de Hymer podem ser identificadas nos campos da Antropologia, Sociologia, Ciência Política e Estudos de Área (ver Dunning, 2001). Isso significa que, apesar das muitas contribuições da Economia para NI, essa disciplina não deve ser a única relevante para entender o campo de NI. Ao contrário, o mito da superioridade e da predominância da Economia resulta em vulnerabilidade para a área de NI, diante da disciplina de origem (e seus desdobramentos teóricos, como economia internacional e economia política). Além disso, torna o conhecimento em NI facilmente imitável por Estratégia.

Como crítica à abordagem econômica dominante em NI, cabe ressaltar que o contexto internacional dos negócios é caracterizado por elevada incerteza. Além disso, devemos considerar as condições específicas dos diversos locais em que as atividades das empresas são conduzidas. Isso resulta em mais incertezas, especialmente dos pontos de vista dos atores nos países de origem e nos países de destino. Reconhecer as limitações da abordagem de vantagem monopolista de Hymer não implica dizer que a abordagem de custos de transação (no modelo desenvolvido por Alan Rugman) seja a correta para investigar fluxos de conhecimento dentro de EMNs.

O domínio da Economia na área de NI e os equívocos correspondentes ajudam a explicar por que tantos autores importantes e influentes (Dunning, 1989; Toyne e Nigh, 1998; Martínez e Toyne, 2000) identificaram a necessidade de pesquisa interdisciplinar. Dentre as bases disciplinares relacionadas a NI os autores destacam: Psicologia, Sociologia, Economia, Ciência Política. Para alguns autores (Shenkar, 2004), há outras disciplinas relevantes para NI, como História, Direito, Relações Internacionais, Modernização e Estudos Comparativos (ver Child, 1981). Meyer (2004, p. 260) confirma que NI é um campo de estudo de natureza interdisciplinar, sustentado por muitas disciplinas das Ciências Sociais. Embora Economia tenha sido a mais influente nas últimas duas décadas, outras disciplinas também produziram marcas em NI, como Ciência Política, História, Psicologia, Sociologia e Antropologia.

Shenkar ressalta a preocupação de Vernon (1994), ao indicar que a investigação de "sistemas nacionais de negócios comparativos", dentre as três áreas centrais de NI, estava sob o risco de ser abandonada, por causa do etnocentrismo dos acadêmicos norte-americanos. A omissão de "negócios comparativos" da agenda da área de NI (o que inclui, segundo a avaliação do autor, pesquisa *cross*-cultural e gestão comparativa) é um erro. A combinação limitada do número de disciplinas relevantes reduz a possibilidade de pesquisa interdisciplinar em NI. Nesse ponto, cabe mencionar que Grosse e Behrman (1992, p. 95) afirmam que os aspectos culturais são também significativos nos negócios internacionais, mas têm levado a análises do tipo *cross*-cultural, em vez de efetivamente "internacional".

Outro ponto importante destacado por Shenkar (2004) refere-se ao fato de a EMN ser a unidade de análise preferencial em NI. Vernon (1994) e Buckley (2002) apontam a EMN como um dos três tópicos principais que vêm sendo tratados com sucesso em NI. No entanto, Toyne e Nigh (1998) assumem a posição de que a firma (a EMN) não deve permanecer como a única unidade de análise em NI. Os autores argumentam que esse foco restritivo negligencia importantes aspectos das próprias EMNs, como os empregados e as múltiplas dimensões dos contextos nos quais elas operam.

Em paralelo, Shenkar (2004, p. 165) analisou o principal periódico de NI (o *JIBS*) para mostrar que 90% dos estudos publicados tinham ao menos um autor norte-americano e que mais de 70% dos autores eram dos Estados Unidos. Esses resultados confirmam o estudo realizado anteriormente por Inkpen e Beamish (1994). Adicionalmente, a probabilidade de um país ser incluído em estudo publicado no *JIBS* era diretamente proporcional à sua posição no ranking de comércio com os Estados Unidos. Em resumo, os fenômenos em NI tendem a ser observados de uma perspectiva centrada nos Estados Unidos, bloqueando a construção de uma perspectiva verdadeiramente global.

Shenkar (2004, p. 167) sugere que uma abordagem mais efetiva seria desenvolver a competitividade de NI ao interpretar e incorporar questões internacionais, incluindo eventos políticos, processos sociais e heranças históricas e também tópicos negligenciados pelas áreas de Economia e Estratégia.

Ao final, Shenkar (p. 168-169) enumera uma série de passos nos níveis institucional e de pesquisa para reverter a ameaça ao campo e rejuvenescer algumas contribuições, como: (a) incentivar a pesquisa comparativa; (b) estimular o conhecimento local; (c) conduzir pesquisa com múltiplos níveis; (d) engajar em pesquisa interdisciplinar e não multidisciplinar; (e) adotar abordagens ricas e contextualizadas; (f) usar metodologia de estudo de caso; (g) estudar casos que sejam parcialmente similares; (h) considerar desenvolvimento de teoria nas decisões de locação da pesquisa; (i) alimentar o desenvolvimento de teoria. Dentre os exemplos de tópicos de pesquisa considerados relevantes pelo autor, destacam-se alianças e fusões transfronteira; processos políticos e investimento externo; heranças institucionais e, finalmente, como as diferenças culturais evoluem no tempo e como a cultura nacional interage com a cultura corporativa.

Segundo Meyer (2004), o tema principal de estudos na área tem sido a empresa multinacional e a gestão comparativa. O autor adverte para o fato de que pesquisadores em NI têm investigado as EMNs sob uma abordagem interna, deixando de olhar as sociedades nas quais elas operam. Acadêmicos de NI, apesar de considerados especialistas em EMNs, têm contribuído relativamente pouco para explicar e avaliar "o papel das EMNs na sociedade" (2004, p. 261). Como os acadêmicos de NI entendem as motivações e a condução das EMNs, eles deveriam usar esse conhecimento para embasar os estudos feitos por outras disciplinas. Meyer indica cinco áreas de pesquisa ligadas aos impactos das EMNs, em países em desenvolvimento, que deveriam ser privilegiadas: firmas locais; o contexto social; instituições locais (incluindo o governo); o ambiente natural e a macroeconomia (essas áreas de pesquisa serão desenvolvidas no Capítulo 3).

Ramamurti (2004, p. 281) concorda com a argumentação de Meyer (2004). Acadêmicos de NI devem estar atentos para os impactos positivos e negativos de EMNs nos países em desenvolvimento, com especial ênfase em excessos e externalidades. A proposta de Meyer consiste em reposicionar esse tópico no centro dos debates em NI, como ocorria nos anos 1970, sendo depois relegada aos bastidores da disciplina. Ramamurti complementa a argumentação de Meyer com outros tópicos de interesse: (a) a "causalidade reversa" do fenômeno, ou seja, o impacto do contexto e das políticas do país em desenvolvimento no comportamento da EMN; (b) a origem e a transformação das EMNs do Terceiro Mundo; (c) o papel da diáspora no desenvolvimento econômico de países pobres; (d) os prospectos futuros para serviços de *outsourcing* (traduzido por alguns autores como "terceirização") em países pobres; (e) os caminhos "inteligentes" que vêm sendo trilhados por EMNs para reescrever as regras globais sob as quais elas operam em países em desenvolvimento.

Mais recentemente, ainda no debate sobre a agenda de pesquisa em NI, Buckley (2005, p. 7) afirma que o mundo deslocou o foco de negócios internacionais, como o que empresas norte-americanas fazem no exterior, para uma abordagem completamente globalizada, em todos os aspectos de negócios entre as fronteiras. Essa mudança requer "novas lentes de análise firmemente enraizadas na noção de que negócio é, e sempre tem sido, mais bem analisado como um fenômeno internacional". No entanto, apesar dos desenvolvimentos teóricos obtidos desde então, a afirmação de que NI tenha se tornado uma disciplina autônoma, com seus próprios métodos, não será aceita por todos.

A breve revisão de literatura apresentada neste tópico demonstra os esforços e os desafios da constituição da área de NI no mundo acadêmico anglo-americano, o qual representa as abordagens predominantes na disciplina.

DIFERENCIAÇÃO DE GESTÃO INTERNACIONAL

No debate acerca da ampliação (ou não) do escopo de NI, um aspecto merece destaque: a diferenciação (e/ou sobreposição) de NI em relação a GI. Como veremos a seguir, esse é um aspecto sobre o qual não há consenso na área de NI. No entanto, Dymsza (1984) sugeriu, no início da década de 1980, que o futuro da pesquisa em NI deveria incluir temas como gestão internacional e estudos multidisciplinares.

A abordagem mais ampla de NI focada em GI, segundo Dymsza (1984), envolveria os seguintes tópicos: (a) avaliação de mudanças nos ambientes político, legal, econômico, cultural e competitivo; (b) inter-relações entre produção, marketing, finanças, recursos humanos, pesquisa e desenvolvimento, e outras decisões funcionais; (c) política, estratégia, organização, sistemas de informações e controle dos negócios.

Ricks et al. (1990) ressaltam que pesquisas no campo da gestão incorporam diversas questões internacionais. Eles fizeram extensa revisão da literatura (com base em dados de 1988) centrada nas dimensões internacionais da gestão em oito áreas de investigação: gestão de recursos humanos, comportamento organizacional, gestão da produção, transferência de informação e tecnologia, estrutura e controle, estratégia, relações governo-empresa e formas de envolvimento.

A pesquisa em GI segue neste momento uma dentre duas abordagens: (a) estudo de um tema particular com pouca ou nenhuma preocupação com as diferenças entre países, (b) estudo focado na comparação entre países (gestão comparativa) e/ou culturas (gestão *cross*-cultural).

Ainda que os autores não problematizem a sobreposição entre os âmbitos de NI e GI, a revisão da literatura produzida nas oito áreas selecionadas indica, por exemplo, que gestão da produção é tema central das abordagens econômicas para IED desde os anos 1960. E que pesquisadores de NI retomaram interesse pelo tópico para investigar competitividade internacional de empresas manufatureiras norte-americanas (1990, p. 226). Outro tema que indica sobreposição entre GI e NI é comportamento organizacional. Pesquisa internacional nesse âmbito costuma ser do tipo comparativa, com ênfase no comportamento organizacional entre diferentes países e culturas (1990, p. 223).

Considerando os objetivos deste livro, interessa identificar que as relações governo–empresa figuram entre as oito áreas de pesquisa em GI. Os autores observaram que a pesquisa nesse âmbito específico segue uma dentre duas orientações: (a) relações governo–empresa como processo reativo; (b) relações governo–empresa como processo proativo (1990, p. 233). Os autores concluem que GI é um campo complexo e multidimensional. As considerações finais também indicam a ocorrência da construção de teorias como resultado dos esforços de integração e desenvolvimento com base em temas dos contextos domésticos e internacional. E, finalmente, comentam que as oito áreas não são mutuamente exclusivas. Em outras palavras, há sobreposição entre as áreas (ou subcampos) de Gestão.

Segundo Buckley (1996), a teoria ortodoxa da EMN, fundamentada na abordagem de internalização, deixa apenas um papel pequeno para a gestão. Mais especificamente, de acordo com as premissas dessa abordagem, o processo de decisão gerencial exerce um papel central na determinação do escopo, na direção do crescimento e na oportunidade de crescimento da firma. Essa teoria pode ser considerada uma ramificação da economia aplicada, enquanto Gestão Internacional se fundamenta em política de negócios e em gestão estratégica; estas duas derivam de conceitos de comportamento organizacional, marketing, economia e psicologia. Em resumo, para Buckley (1996), enquanto o campo de NI é dedutivo, analítico e axiomático, o campo de GI é prático, empírico e prescritivo.

Neste artigo, Buckley examina gestão estratégica internacional do ponto de vista da teoria da internalização, para estabelecer relações entre os dois campos do conhecimento. Com base nas premissas da internalização, o autor indica que na versão convencional o papel da gestão predomina em três áreas centrais: (1) gerentes tomam decisões de internalização que determinam a escala e o escopo da firma; (2) gerentes, ao tomar decisões de internalização, escolhem as direções de crescimento da firma, identificando as imperfeições do mercado, e buscam oportunidades de lucro por meio da apropriação de rentabilidade; (3) gerentes podem exercer papel proativo ao manejar imperfeições do mercado para maximizar oportunidades de crescimento. Ele identifica uma quarta área de gestão estratégica centrada no aumento dos custos de transação dos concorrentes. Em contextos de custos de transação crescentes, internalização torna-se uma arma estratégica para a firma ao garantir acesso exclusivo a insumos centrais e/ou garantir vantagem competitiva no mercado de produtos finais, segurando os consumidores.

A abordagem de internalização é baseada na substituição de mercado por processos gerenciais. No entanto, as críticas da teoria podem ser articuladas como forma de "trazer a gestão de volta". Existem paralelos entre as abordagens de internalização e de gestão estratégica internacional nos seguintes aspectos: (a) a centralidade da decisão de internalização de "fazer ou comprar"; (b) a atenção para a interação entre variáveis de locação e variáveis organizacionais; (c) os mecanismos de controle interno são vistos como cruciais em ambas abordagens.

Na opinião de Buckley (1996), para superar as lacunas existentes entre NI e gestão estratégica internacional, existem as abordagens da teoria comportamental da firma para o processo de internacionalização, mais especificamente, os modelos evolucionários (ver Johanson e Vahlne, 1977; Vernon, 1966). E também há os estudos sobre a organização interna das empresas multinacionais (ver Ghoshal e Westney, 2005).

De acordo com Buckley (1996, p. 47), os conceitos de oposição interna/externa, cultura de negócio ou contexto organizacional, vantagem competitiva/competência essencial, rede integrada/ funções e o papel do conhecimento interno cruzam a divisão entre NI e GI (como ilustra a Tabela 1.3). Apesar das divergências de pontos de vista e de objetivos da investigação entre as duas áreas, as literaturas de NI e de gestão estratégica internacional tratam de questões similares de pesquisa; assim, "fertilização cruzada" parece ser o caminho a seguir.

Tabela 1.3 – Conceitos análogos em Negócios Internacionais e Gestão Internacional

Negócios Internacionais	Gestão Internacional
1. Oposição do mercado interno: mercado externo	Oposição à herança administrativa: forças ambientais
2. Cultura de negócios	Contexto organizacional
3. Vantagem competitiva (vantagem específica da firma)	Competências essenciais
4. Integração de funções dentro da firma – mercado interno	Integração global; redes integradas (transnacional)
5. Internalização da informação e da tecnologia	Transferência de conhecimentos e competências
6. Custos afundados – modelos da teoria dos jogos	Movimentos estratégicos (vantagens do primeiro "que se move")

Fonte: Buckley, 1996, p. 48.

Buckley (1996) argumenta que há um papel para gestão e para processo de decisão de gestão na teoria de NI com base na abordagem de internalização. O autor enfatiza também a relevância do pensamento em NI para áreas de processo de decisão dentro das multinacionais e dos governos. Mais especificamente ele aponta os seguintes focos: (a) decisões estratégicas de multinacionais e políticas de atração de investimentos de governos; (b) a competitividade internacional para os níveis nacional e da firma. Finalmente, Buckley sugere que a teoria de NI (ou abordagem da internalização) pode ser melhorada com base na literatura de GI, porque aquela negligencia os seguintes pontos: (a) os efeitos das interações entre mercados e da coordenação entre mercados; (b) os efeitos de restrições específicas sobre as decisões –, por exemplo, a herança administrativa ou a história organizacional, as influências culturais na filosofia de gestão da empresa, e normas, valores e modos de liderança; (c) os processos de tomada de decisão em favor das estruturas.

Boddewyn (1999) reconhece as dificuldades de consenso quanto à definição das fronteiras do campo de GI, mas enfatiza a existência de um domínio de pesquisa distinto do campo mais geral de NI. No entanto, o autor questiona se GI seria um campo autônomo ou mais um subdomínio funcional de NI, como é o caso de marketing, contabilidade e finanças internacionais.

Esse autor reconhece também que sua análise é etnocêntrica, porque discute apenas a visão norte-americana para os significados de "internacional" e de "gestão". Sua análise baseia-se nas declarações do editor na época do relançamento do *Journal of International Management*, periódico oficial da IMD da Academy of Management em 1996. A definição da IMD tem o mérito de "não ser similar à definição de NI" e de "listar tópicos que muitos acadêmicos de GI poderiam considerar como legítimos de gestão" (1999, p. 4). Para definir o domínio de GI, Boddewyn utiliza-se dos níveis de análise em NI descritos por Graham Astley em *workshop* realizado pela IMD em 1990 (ver Toyne, 1997; Toyne e Nigh, 1998).

O autor enfatiza que o foco da tabela anterior refere-se a NI; portanto, vários tópicos gerenciais listados na declaração de missão da IMD e os níveis de análise individual e inter-países não constam. Teorias e constructos são ignorados; o nível da firma centra exclusivamente em questões estratégicas, excluindo funções e processos internos, dentre tópicos que são usualmente discutidos sob a rubrica de "gestão". Adicionalmente, Boddewyn (1999) argumenta que "a unidade de análise da pesquisa de GI deve ser a firma de negócios", e não somente as EMNs, mas destaca que Toyne e Nigh (1998) refutam o foco na firma no que diz respeito ao âmbito de NI.

Tabela 1.4 – Níveis de análise em Negócios Internacionais

Nível	Unidade de Análise	Paradigmas	Teorias/Constructos
Mini-micro	Trocas (transações)	Eficiência econômica	Custos de transação Teoria da agência
			Arbitragem de mercado nacional
Micro	Firma	Vantagem estratégica	Vantagem competitiva Estratégia global Competição monopolista Ciclo do produto internacional Estrutura transnacional
Meso	Rede	Responsabilidade social	Alianças estratégicas Teoria institucional
Macro	País	Economia política	Teoria de barganha Política industrial

Fonte: Traduzido de Boddewyn, 1999, p. 8.

As outras dimensões dos negócios não podem ser ignoradas, mas devem ser tratadas como complementares porque enriquecem a análise da firma de negócios internacionais. Para o autor, a vantagem de centrar na firma de negócios internacionais como organização é que isso nos permite definir o domínio de GI em relação a duas questões centrais: (1) por que, quando e como a firma de negócios (como organização) decide se internacionalizar?; e (2) por que, quando e como seu comportamento organizacional (em termos de relações, transações internas e externas, desempenho e impactos) é alterado pela internacionalização?

Essa é uma definição minimalista de GI, mas defensável. A opção seria questionar se o domínio de GI deveria ser estendido, para incluir o estudo da gestão de todas organizações internacionais (como o Banco Mundial).

Em resumo, definir GI permanece uma questão complicada. Os livros teóricos diferem quanto aos conceitos básicos e ênfases, dividindo-se em análises funcional, estrutural, comportamental, estratégica, *cross*-cultural e outras. Alguns deles são meras variações dos textos de NI, desde que muitas "escolas de negócios" foram renomeadas para "escolas de gestão", de forma que os cursos e os livros-texto simplesmente refletem essa mudança superficial sem "verdadeiramente diferenciar GI de NI" (Boddewyn, 1999, p. 13).

Toyne (1997) apresenta uma análise sistemática de como a integração entre a dimensão "internacional" e da "gestão" deveria ser desenvolvida. Boddewyn (1999) menciona as três abordagens apresentadas pelo autor como problemas da pesquisa em GI.

No paradigma da extensão, os pesquisadores de GI replicam no exterior o que tem sido usado localmente para a definição de problema, teorias e metodologias. A investigação em GI – e, portanto, o domínio de GI – centra-se "na extensão das atividades gerenciais da firma através das fronteiras nacionais, à luz de diferenças ambientais entre países de origem e de destino, o que pode necessitar de várias adaptações". Para Toyne (1997), essa abordagem é muito paroquial e etnocêntrica.

No paradigma de gestão transfronteira, a investigação de GI foca no problema da diferenciação/integração enfrentado por empresas que cruzam fronteiras por meio de comércio, investimento e alianças. Para Toyne, esse paradigma está muito centrado na firma; assume que negócio é negócio (e gestão é gestão), independentemente de onde é praticado; separa a esfera econômica da social e política, seguindo uma orientação de economia liberal anglo-saxônica.

Toyne (1997) sugere uma abordagem de "processo hierárquico-social", em virtude de os países possuírem diferentes negócios. Cada processo de negócio nacional deve ser visualizado de modo conectado a uma estrutura hierárquica cujos níveis mais altos definem fronteiras e impõem condições para os níveis mais baixos. Para Boddewyn (1999), essa ampla definição do domínio de GI pode ser rica e complexa, mas se choca com as limitações da realidade de pesquisa em GI.

Martínez e Toyne (2000) defendem o desenvolvimento de GI por meio de pesquisas com teorias de múltiplos níveis, múltiplas unidades de análise, desenhos de pesquisa interdisciplinares e equipes de trabalho multiculturais. Uma contribuição relevante na visão dos autores é a participação crescente de acadêmicos não-americanos na área de GI. Isso ajuda a derrubar as restrições da teoria de gestão "culturalmente limitada".

Contractor (2000a) afirma que artigos concentrados em GI estavam isolados no *Academy of Management Journal*[3] desde sua inserção como uma divisão independente, no início da década de 1970. O autor lembra que, subitamente, a partir do final dos anos 1980, todos os acadêmicos envolvidos com a área de Administração descobriram a necessidade de internacionalizar o currículo e a pesquisa. Mais recentemente, a dimensão internacional passou a ser tratada nos artigos do *Academy of Management Journal*. Essa proliferação da dimensão internacional nas publicações da área de Administração gerou uma questão fundamental: qual é a *raison d'être* de Gestão Internacional como campo de estudo?

Segundo Contractor, a gestão internacional é a resposta organizacional e estratégica para a permanente diferença de mentalidades e culturas entre as nações, com impactos na formação de preços, custos, regulamentações, padrões, métodos de distribuição e medidas de valor. O mundo continua fragmentado apesar de algumas

---

[3] Um dos periódicos oficiais da *Academy of Management*.

afirmações ou aspirações utópicas sobre homogeneização de mercados e de preferências de consumo perante a globalização.

Mas são exatamente as diferenças entre as nações que justificam, na opinião de Contractor (2000a), GI como campo de estudo independente. O autor aponta quatro atributos que distinguem operações de EMNs das operações de empresas domésticas: (1) múltiplas moedas e convenções de valor (como padrões de contabilidade); (2) múltiplos ambientes governamentais e reguladores; (3) fatores de talento e habilidades específicos de cada país; (4) multiplicidade de corporações dentro da "firma internacional", isto é, a perspectiva local de cada nação representada pelos respectivos executivos e agentes do poder.

Um dos aspectos recorrentes do campo é o estudo comparativo da natureza dessas diferenças. Entretanto, para o "gerente internacional", a questão principal é como superar ou eliminar essas diferenças, o que envolve quatro tipos de atividades: (1) arbitragem, que afeta *commodities*, trabalho e produtos industrializados; (2) entrada em mercado estrangeiro ou processos de internacionalização e, escolha do modelo organizacional que otimiza a entrada; (3) esforços que reduzam barreiras reguladoras, econômicas e sociais para a entrada em outro país; (4) transferência, para outros locais, de vantagens específicas da firma, como tecnologia, conhecimento, habilidades organizacionais e propriedade intelectual.

Na perspectiva de otimização global, o foco da gestão internacional é na totalidade dos países de destino. A maioria das operações das empresas ocorre sob o sistema de subsidiárias, onde os gerentes estão sujeitos a tensões entre as pressões locais e da matriz. Encontrar um ponto de equilíbrio entre as demandas locais e globais é complicado o bastante para qualquer dimensão ou decisão administrativa. Cada firma deve analisar separadamente as demandas simultâneas por adaptações locais e por padronização global para cada item da cadeia de valor. Isso leva ao primeiro aspecto da gestão internacional: a busca contínua pela otimização de cada item na cadeia de valor. O segundo aspecto do campo de estudo é a gestão estratégica de questões que envolvem as decisões de diferenciação e integração.

Contractor (2000a) argumenta que GI deve ser um campo independente de estudo porque dedica ênfase especial à dimensão geográfica e de localização, uma das três dimensões da firma (as outras são tipos de produto e serviços e áreas funcionais). Outro argumento para justificar essa independência é a maior receptividade dos acadêmicos de GI para as diferenças entre as nações. Cabe destacar que o número de acadêmicos não-americanos teve crescimento mais acelerado que o número de acadêmicos norte-americanos na área, apesar de estes últimos ainda representarem 75% do total dos afiliados da IMD.

O mesmo autor afirma que, a partir de 1990, cresceu o interesse pelo estudo de alianças estratégicas, *joint venture*, cooperação entre firmas e gestão multicultural. Para ele, a GI possui dois atributos que a distinguem dos outros campos da Gestão: (1) abordar uma instituição diferenciada, a firma internacional ou transnacional, cujas operações se destacam daquelas que operam em um único país; (2) vantagem comparativa no estudo de atributos específicos, como localização e diferenças geográficas, econômicas ou culturais.

Entretanto, a eventual sobreposição de GI a outras áreas da Administração decorre do fato de que a prática e o estudo da Administração são necessariamente ecléticos, multidimensionais e interdisciplinares. Para Contractor (2000a), os acadêmicos de Gestão Internacional são, ou deveriam ser, os mais ecléticos de toda a academia de Administração, porque usam variáveis das três dimensões da firma (produto, função e geografia) e combinam diversas metodologias. Essa abordagem multidimensional garante diferenciação estratégica e oferece uma perspectiva mais balanceada, com maior poder de explicação.

Tanto a área de GI quanto a de NI preencheram a lacuna da dimensão internacional na academia de Administração. Contractor (2000a, p. 8) acredita que há sobreposição e distinções entre GI e NI. A literatura de GI não trata da interação entre firmas e instituições supranacionais, como o Fundo Monetário Internacional (FMI) e a Organização Mundial de Comércio (OMC). A literatura de NI dá ênfase a essa interação e a aspectos internacionais de outras áreas funcionais da Administração, como marketing, contabilidade e finanças. Essas áreas não são tratadas na literatura de GI, mas ambas (NI e GI) tratam amplamente de tópicos como alianças internacionais e cooperação interfirma.

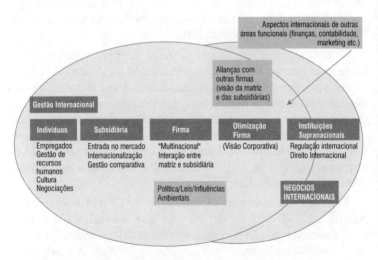

Fonte: Traduzido e adaptado de Contractor, 2000a, p. 9.

Figura 1.1 – Sobreposição e diferenciação dos domínios de Gestão Internacional e Negócios Internacionais.

Seguindo a mesma linha de debate sobre a autonomia do campo de GI, Martínez e Toyne (2000) afirmam que gestão é um conceito complexo e multidimensional que engloba contextos políticos, legais, culturais e sociais de cada país. Para eles, pesquisa internacionalizada e pesquisa sobre gestão internacional são processos distintos, porém ambas contribuem para o conhecimento de gestão, sendo necessárias pesquisas interdisciplinares para desenvolver teorias próprias de Gestão Internacional.

Para a Academy of Management, gestão é um fenômeno universalmente definido. A aplicação pode se diferenciar dependendo das circunstâncias externas. A internacionalização da gestão é vista como uma extensão da ciência, ou seja, a dimensão internacional da gestão é meramente uma extensão da população sob estudo. As metáforas, as teorias, os conceitos e os princípios são aplicados igualmente, independentemente da cultura em análise.

Em contraste com essa visão universal, funcional e exógena exposta por Koontz (1980) e pela Academy of Management, Hofstede (1993) argumenta que não há uma teoria universal sobre gestão e que a definição de gestão conhecida nos Estados Unidos é limitada pela cultura norte-americana, sendo intransferível para outras situações, contextos e países. Hofstede mostrou que o conceito de gestão dos acadêmicos norte-americanos é exógeno, ou seja, envolve um objetivo externo aplicado a um grupo de pessoas. Nessa perspectiva, pessoas são recursos gerenciáveis, manipuláveis e exploradas para atingir um determinado objetivo. Nas perspectivas japonesa e alemã, gestão é um conceito endógeno, que se realiza dentro e como parte de um grupo.

Hofstede descreveu a cultura organizacional por meio de uma análise quantitativa. Ele pesquisou, entre 1968 e 1972, as filiais de uma empresa multinacional norte-americana em quarenta países e descobriu que as características culturais de cada uma das filiais eram fortemente influenciadas pelos valores nacionais, predominantes nos países onde essas filiais estavam instaladas. O reflexo dessa diferença cultural se manifestou em questões como distância de poder, grau de planejamento e formalização e grau de individualismo ou solidariedade social. O estudo de Hofstede tornou-se um clássico e revelou como valores culturais locais influenciam a cultura organizacional (sobre o assunto, ver Prestes Motta e Vasconcelos, 2004).

O estudo de Hofstede mostrou que as teorias de gestão desenvolvidas nos Estados Unidos podem ser limitadas culturalmente, o que eleva o potencial de GI contribuir cientificamente, com experiência e *expertise*, para uma área que tem restrições culturais.

O "internacional" significa "cruzar fronteiras nacionais", e "negócios ocorrem em ambientes com dimensões econômicas, socioculturais e políticas". Cruzando essas duas definições, conclui-se que os ambientes que influenciam os negócios variam de acordo com os países e que tal influência é suficientemente forte para mudar práticas e até conceitos de negócios. Entretanto, quando o conceito de "cruzar fronteiras nacionais" se aplica à Gestão Internacional, assume-se que as teorias de gestão desenvolvidas em uma cultura são universais, e suas aplicações diferem quando introduzidas em outras culturas (Martínez e Toyne, 2000, p. 18).

O cruzamento das palavras "gestão" e "internacional" sugere três possibilidades. A primeira é que o ambiente no qual a gestão ocor- re pode ter efeito na sua prática, mas não necessariamente na sua teoria. A segunda possibilidade é que a palavra "internacional" acentua o fato de a gestão existir em dois ou mais países (ou ambientes) simultaneamente. Como essa forma de gestão considera questões, fenômenos e relacionamentos que não ocorrem na situação de "limite cultural", imposto por fronteiras, Martínez e Toyne (2000) acreditam que ela possa ser chamada de internacional. A terceira possibilidade utiliza a palavra "internacional" para compreender os resultados de processos distintos de gestão em etapas contínuas de interação, por exemplo, uma *joint venture* entre empresas japonesas e norte-americanas. Essa forma de gestão leva a duas constatações: uma de que a interação nos processos de gestão reflete diferenças nas práticas, porque estão em ambientes diferentes, ou outra de que a interação nos processos de gestão é diferente por causa do significado distinto das funções de gestão entre os países ou ambientes.

Ainda em relação ao debate sobre GI, Werner (2002) analisa as tendências da literatura no período de 1996 a 2000, com base na revisão de artigos publicados em vinte revistas de gestão. Os 271 artigos selecionados foram categorizados em doze tópicos:

1. Ambiente de negócios global
2. Internacionalização
3. Decisões de modo de entrada
4. *Joint venture* internacional
5. Investimento externo direto
6. Trocas internacionais
7. Transferência de conhecimentos
8. Alianças e redes estratégicas
9. Empresas multinacionais
10. Relações matriz–subsidiárias
11. Gestão de equipes nas subsidiárias e de equipes multiculturais
12. Gestão de expatriados

Werner descreve esses doze tópicos listados por meio de tabelas nas quais constam o foco do estudo e as fontes bibliográficas correspondentes. Ao final, conclui que, nos últimos 20 anos, triplicou a porcentagem de artigos nas revistas de gestão que podem ser classificados como pesquisa genuína em GI, mas a porcentagem de artigos nos últimos cinco anos é ainda pequena. Metodologicamente permanece a crença na "posição filosófica" de superioridade do método quantitativo, porque nos periódicos analisados apenas 13% dos estudos eram teóricos, 2,5% usaram modelos matemáticos, 6,3% metodologia de estudo de caso, e 2,2% métodos exclusivamente qualitativos. Quanto aos níveis de análise, o autor afirma que a pesquisa em GI inclui países, estados, arranjos industriais, indústrias, firmas, unidades estratégicas de negócios, subsidiárias, equipes e indivíduos. No entanto, a revisão dos artigos publicados nas revistas indica a predominância da *firma* como nível de análise e alguns poucos estudos no nível do indivíduo. O autor sugere que esforços adicionais de publicação sejam feitos no nível micro da multinacional, nos fatores societais do ambiente global e nas estratégias das multinacionais.

Com base na análise de Werner, podemos destacar dois aspectos: primeiro, o que Caves (1998) denomina "a inutilidade de indicar áreas para futuras pesquisas" e, segundo, somente os dois últimos tópicos são pesquisados no nível micro. Em paralelo, cabe ressaltar a sobreposição dos doze tópicos aos temas de pesquisa em NI (ver Contractor, 2000a).

Na tentativa de promover diálogo entre acadêmicos e de ampliar o escopo da área de GI, Boddewyn; Toyne e Martínez (2004) argumentam que: (1) gestão internacional não se aplica somente ao cruzamento unidirecional de fronteiras, mas também serve para o aprendizado bidirecional dos gestores fora de seus ambientes de origem; (2) global e transnacional adicionam um mapa mental ao conteúdo mais material de cruzamento de fronteiras por fatores de produção e firmas; (3) o estudo de GI se beneficiou da perspectiva transnacional, considerando ameaças e oportunidades globais e locais; (4) gestão é uma atividade socialmente construída que acontece em vários tipos de organização – privada, pública, com fins lucrativos ou não, no lugar de origem, no exterior e supranacionalmente.

Segundo Fayerweather (1969), internacional significa cruzar fronteiras que delimitam os Estados-Nação. A expressão Estado-Nação é utilizada para designar as instituições políticas do país e também os elementos sociais, econômicos e culturais.

Toyne e Martínez questionam a definição de "internacional" proposta por Fayerweather: Para a organização, qual é a importância do ato de cruzar fronteiras e quais são as implicações do conceito de internacional para a gestão?

O termo "internacional" destaca o impacto da diversidade do ambiente na organização que opera no exterior. Logo, "internacional" significa cruzar fronteiras e lidar com a diversidade de ambientes fora do país de origem. A segunda dimensão dessa definição levanta questões pertinentes para a discussão do que seja GI, entre elas: (1) definir o conceito de diversidade do ambiente; (2) explicar sua importância para a organização; (3) delimitar as implicações para a gestão da organização.

Boddewyn questiona o que é a gestão e afirma que os gestores tomam decisões que envolvem a internacionalização. Fayerweather define quatro decisões-chave: (1) qual vantagem econômica permitirá que a firma tenha sucesso em outros países; (2) quais adaptações socioculturais são necessárias para desenvolver a organização em outros países; (3) como atores políticos lidam com os interesses públicos e privados do comércio internacional e dos investimentos externos; (4) como atividades domésticas e estrangeiras serão integradas diante de diferentes mercados, soberanias e culturas. Esse último item refere-se à articulação entre estruturas nacionais e globais. A contribuição dos gestores internacionais engloba: (1) responder a grande variedade de constituintes, como atores nacionais, supranacionais, internacionais etc.; (2) prover modelos para outras organizações que também lidam com o fenômeno da globalização; (3) contribuir para o desenvolvimento mundial.

Toyne e Martínez concordam com o conceito desenvolvido por Boddewyn, mas acrescentam que: (1) gestão ocorre em todas as sociedades, desde muito tempo; (2) gestão acontece em todos os níveis da sociedade; (3) gestão relaciona-se com a realidade, pois a realidade é socialmente construída pelos gestores; (4) gestão internacional também é uma atividade socialmente construída.

Boddewyn; Toyne e Martínez (2004) concluem que: (1) "internacional" refere-se a cruzar fronteiras de países, em relação às diversidades interna e externa de ambiente; (2) "internacional" inclui transformações mentais geradas por experiências e trocas, sendo que essa perspectiva é mais bem capturada no contexto global; (3) a experiência dos gestores é simultaneamente global, nacional e interdoméstica; (4) gestão é uma atividade socialmente construída que acontece em vários tipos de organização por todo o mundo. Conseqüentemente, GI "cobre não somente a dimensão internacional (global, transnacional etc.) da gestão, em relação a expansão de locações, mentalidades e experiências, mas também o contínuo desenvolvimento e aplicação desse conceito em todos os tipos de contexto onde a organização tem que ser obtida, e a desorganização, evitada" (2004, p. 209).

Mais recentemente, Acedo e Casillas (2005) investigaram, com base em análise de co-citação de autor (método que tem sido amplamente usado para identificar a estrutura do conhecimento em diferentes campos de estudo), as principais tendências de pesquisas publicadas nos artigos no período de 1997-2000, em cinco periódicos relevantes do campo de GI. Acedo e Casillas afirmam que estudos anteriores utilizaram metodologia "subjetiva-qualitativa" para avaliar a evolução do campo de GI. Com base no que denominam de "critério objetivo", os autores identificam os principais paradigmas no campo de GI, segundo orientação gerencial (teoria de recursos e capacidades; teorias organizacionais; aprendizagem organizacional; estratégia e estratégia de marketing) e orientação econômica (custos de transação e teoria eclética). Mais especificamente, os autores identificam oito grupos de estudos nas publicações em GI: 1) alianças e *joint venture* internacional; 2) teoria eclética; 3) custos de transação; 4) abordagem seqüencial de processo de internacionalização; 5) modelos organizacionais de empresas multinacionais; 6) abordagens de recursos e capacidades; 7) *joint ventures* na China; e 8) gestão do conhecimento.

Os resultados apontados pelos autores mostram que o campo de GI é eclético. Isso é visto como positivo, confirmando Contractor (2000a), e, em vez de independente, o campo de GI é interdependente, porque é influenciado por outros campos de estudo.

Nesse último aspecto fica evidente que os autores não fazem distinção entre GI e NI, ao citarem Buckley (2002, p. 370). Esse autor afirma que "NI poderia se tornar meramente uma área de aplicação de conceitos de outras disciplinas".

Paralelamente ao debate sobre constituição e diferenciação dos campos de GI e NI, os acadêmicos enfrentam um novo desafio – entender o fenômeno da globalização. Boddewyn; Toyne e Martínez (2004) afirmam que o conceito de internacional lida com os conceitos de cruzar fronteiras e explorar ambientes não familiares; logo passa a ser necessário explorar o conceito de globalização. A globalização criou ambientes mais complexos, não importando qual paradigma irá prevalecer. Um dos efeitos da globalização é o surgimento de questões "interdomésticas", ou seja, questões internacionais com implicações domésticas.

O próximo tópico problematiza o fenômeno da globalização para o âmbito de NI.

GLOBALIZAÇÃO EM NEGÓCIOS INTERNACIONAIS

No início dos anos 1990, não havia consenso quanto ao conceito de globalização. Isso resultou na disseminação e predominância de uma visão pró-globalização que ganhou projeção nas escolas de negócios (ver Ohmae, 1990).

Kedia (2006) destaca os esforços para incorporar a crescente importância da globalização em NI, nas universidades norte-americanas e européias. O autor indica que "enfatizar a educação em NI intensificou-se com a aprovação do *Higher Education Act* de 1965 (pela seção 6261 do *Omnibus Trade and Competitiveness Act*, de 1988). Esse ato criou os programas *Business and International Education* (*BIE*) e também *Centers for International Business Education and Research* (*CIBER*) para escolas de Administração nos Estados Unidos".

As metas desses programas eram: (1) cultivar a percepção global; (2) desenvolver elevado entendimento global; e (3) melhorar a competência global. Tais objetivos estão sendo obtidos por meio das seguintes ações: (a) internacionalizar o conhecimento existente nas várias áreas de negócios; (b) ampliar o conhecimento e a experiência internacional da faculdade de negócios; (c) desenvolver convênios internacionais com escolas de negócios em outras partes do mundo (Kedia, 2006, p. 243-244).

Surpreendentemente, é possível identificar, mais recentemente, que vários artigos de NI e GI (ver Kedia, 2006; Shenkar, 2004; Boddewyn; Toyne e Martínez, 2004) citam a obra de Huntington (2001). Esta obteve destaque nos círculos governamentais e políticos internacionais por descrever potenciais cenários de configuração mundial como conseqüência da globalização (Boddewyn et al., 2004). Destacou-se também por contrariar a "tese da convergência", que acredita no modelo norte-americano como padrão a ser seguido pelos demais países (Shenkar, 2004), e por defender que a globalização não produz homogeneidade cultural (Kedia, 2006).

Nesse caso, a globalização não deve ser entendida como um processo harmonioso da sociedade mundial, na qual ocorre convergência crescente de culturas e civilizações. Em 1993, Huntington (2001) havia alertado para o risco do "Choque de civilizações", em artigo que evoluiu para um livro publicado em 1996. Na obra ele defende que, após a Guerra Fria, os conflitos mundiais não seriam mais estimulados por questões político-econômicas, mas por diferenças culturais, mais especificamente a religião. Considerado um profeta moderno, depois dos atentados de 11 de setembro de 2001, Huntington dividiu as culturas em categorias: ocidental (Estados Unidos, Europa Ocidental e Austrália); africana; islâmica; sínica (China); hindu (Índia); ortodoxa (Rússia); latino-americana; budista e japonesa. Há divergências quanto ao método de agrupamento de Huntington (1996), porém, o que vale destacar é que a crescente interligação gera não apenas novas animosidades e conflitos, como pode também alimentar políticas reacionárias e xenofobia.

O termo globalização vem sendo debatido desde a década de 1980. Entretanto, sua definição e significado ainda são imprecisos. Uma das razões para questionamentos é que o fenômeno da globalização é estudado por diversas disciplinas das Ciências Humanas e Sociais, que seguem diferentes perspectivas. Como conseqüência, os conceitos teóricos de globalização se desenvolvem em um certo isolamento, em que cada área apresenta a definição que melhor lhe convém.

Clark e Knowles (2003) tentam explicar os impactos do isolamento disciplinar e o vácuo conceitual na área de NI. O isolamento disciplinar é um fenômeno acadêmico, no qual pesquisadores e estudantes de diversas disciplinas se tornam inacessíveis. Ou seja, cada pesquisador de determinada área científica explora conceitos, com perguntas, hipóteses e metodologias próprias de pesquisa e vocabulários indecifráveis para os não-iniciados. Mesmo que o objeto de estudo seja relevante para outras áreas do conhecimento, acadêmicos resistem em reconhecer tal interdisciplinaridade, porque não estão acostumados a trabalhar com tópicos fora de suas áreas de pesquisa. Nesse caso, a especialização promove um jargão único para uma determinada área e constrói barreiras que inibem a entrada de outros acadêmicos.

Esse isolamento disciplinar torna-se problemático particularmente quando o objeto de estudo não pertence claramente a um determinado campo da ciência, como é o caso da globalização. Essa falta de diálogo entre acadêmicos sobre o conceito de globalização dificulta o entendimento e estimula o desenvolvimento de pesquisas paralelas, o que acaba promovendo o isolamento disciplinar.

A alternativa para romper esse ciclo nada virtuoso tende a ser o estudo interdisciplinar. Entretanto, essa saída torna-se difícil em virtude dos problemas que envolve o pensar "além da fronteira" científica. Uma crítica aos estudos interdisciplinares é que eles acabam criando uma "nova" área científica, com suas próprias fronteiras, quando não se apropriam das características de nenhum campo de estudo existente.

Globalização seria um "supertópico", estudado por diversas áreas científicas, como Sociologia, Psicologia, Geografia, Antropologia, Lingüística, Estudos de Mídia e Criminologia, para citar algumas. Em NI não foi diferente, e o conceito de globalização foi desenvolvido com três características peculiares.

A primeira é denominada "paroquial". Tal denominação indica que a globalização é vista como a ascensão e a expansão das corporações multinacionais (CMNs) e é usualmente apresentada como benéfica para todos os atores envolvidos. Essa perspectiva é quase dogmática, porque ignora uma variedade de questões sobre a natureza da globalização. A perspectiva paroquial apresenta uma miopia que envolve convicções políticas e opiniões apenas sobre os benefícios da globalização. Freqüentemente, consideram pessoas com posições políticas conservadoras (de direita) a favor da globalização e as revolucionárias (de esquerda) contra.

A segunda é denominada "procrusteanismo", cujo conceito deriva da mitologia grega e representa um símbolo de conformidade forçada. Há um padrão único que se adapta, pela força, a todas circunstâncias. Nesse sentido, essa perspectiva falha por reduzir globalização a questões econômicas, em virtude da predominância do estudo de comércio e finanças na disciplina de NI. Entretanto, Clark e Knowles (2003) lembram que muitos trabalhos significativos, fora do círculo de Negócios Internacionais, nem mencionam os tópicos de comércio ou economia.

A terceira característica é a "miopia histórica". Como a disciplina de NI surgiu depois da Segunda Guerra Mundial e a globalização acelerou seu ritmo nesse período, é comum o erro dos pesquisadores de NI, que consideram a globalização fenômeno recente. Há evidências de que a globalização é um processo antigo, como são também antigas a perspectiva geográfica de que a Terra é uma esfera finita que abriga toda a humanidade; a perspectiva teológica das grandes religiões baseada na fé em um único Deus sobre uma única humanidade e um único planeta; a perspectiva lingüística da integração da Grécia Antiga com Roma Antiga sob um único idioma; a perspectiva comercial das viagens da colonização e do metalismo nos séculos XV e XVI; a perspectiva financeira da crise de 1929, em que a queda da Bolsa de Nova York influenciou o mundo todo, inclusive as exportações de café do Brasil.

Muitos acadêmicos ignoram o fato de a globalização ser um fenômeno maior do que qualquer disciplina isolada. Para ilustrar o debate conceitual, Clark e Knowles (2003) elaboraram um quadro (ver Tabela 1.5) com definições da globalização oriundas de diversas áreas do conhecimento.

Clark e Knowles (2003) definem globalização como o processo pelo qual sistemas econômicos, políticos, culturais, sociais e outros relevantes para as nações se integram em sistemas mundiais. Para essa definição, os autores apresentam algumas considerações: (a) o sistema mundo é formado por canais capazes de transmitir estímulos simultâneos para diversas distâncias geográficas; (b) a extensão em que sistemas econômicos, políticos, culturais, sociais e outros relevantes para as nações estão integrados nos sistemas mundiais é chamada de "grau de globalização"; (c) o "grau de globalização" varia consideravelmente. Em resumo essa definição reconhece a globalização como um processo dinâmico, que atinge diferentes fenômenos em diferentes graus e proporções.

Rugman (2003) critica Clark e Knowles (2003), ambos publicados na mesma edição do *Journal of International Management*. O autor afirma que a dupla deveria rever seus argumentos com base na análise das evidências, porque a economia mundial está configurada pelas regiões da tríade (que representa os três pólos – Estados Unidos, Japão e União Européia – de poder econômico no sistema internacional). A falta de evidências para a globalização significa que os acadêmicos de NI deveriam ser mais cuidadosos ao distinguir estratégias regionais na tríade de uma verdadeira estratégia global.

Tabela 1.5 – Diferentes definições de globalização

Autor	Disciplina	Definição
Rodrick (1997)	Economia	"(...) um processo envolvendo integração de mercados de bens, serviços e de capital que pressiona a sociedade a alterar suas práticas."
Dunning (1993)	Economia/ Negócios	"(...) crescimento de produção internacional (...) que reflete na estrutura e organização dos recursos do mundo implicando capacidades da produção além-fronteira e estratégias das companhias."
Giddens (1990)	Sociologia	"(...) intensificação das relações sociais em todo o mundo (...) ligando localidades distantes de um modo em que acontecimentos locais são moldados por eventos ocorridos há milhas de distância e vice-versa."
Robertson (1992)	Sociologia	"(...) se refere à compressão do mundo e das intensificações de sua consciência de mundo como um todo."
Cairncross (1997)	Pesquisa social	"(...) a difusão global de conhecimento."
Worsley (1999)	Antropologia	"(...) pluralidade do sistema de conhecimento que resulta em culturas que transcendem as fronteiras, contribuindo para uma sociedade global de massa."
Crystal (1998)	Lingüística	"(...) a globalização da linguagem não deve ser do número de pessoas que falam determinada língua, mas de quem essas pessoas são."
Jameson e Miyoshi (1998)	Literatura	"(...) um conceito de comunicação que alternativamente mascara e transmite significados culturais e econômicos."
Dicken (1998)	Geografia econômica	"(...) a extensão geográfica da atividade econômica além das fronteiras nacionais (...) e a integração funcional de atividades internacionais dispersas."
Waters (2001)	Sociologia	"(...) um processo social em que as limitações geográficas nos arranjos sociais e culturais retrocedem e em que as pessoas se tornam conscientes desse retrocesso."
Beyer (1994)	Religião	"(...) a criação de uma nova cultura global com atendimento social."

Fonte: Traduzido de Clark e Knowles, 2003, p. 368.

O maior volume de IED concentra-se na Europa e na América do Norte, ou é intra-regional, ou seja, ocorre nas regiões da tríade. Esses fluxos resultam em crescente regionalização, não globalização. Rugman (2003) afirma haver crescente dependência econômica entre países de uma mesma região e menos entre regiões. A criação do Nafta aumentou a interdependência entre Estados Unidos, Canadá e México, como ilustram os seguintes dados apresentados pelo autor: 87% das exportações do Canadá e 89% das exportações do México são para os Estados Unidos; 77,3% das vendas das 169 firmas norte-americanas da *Fortune 500* ocorrem no interior do Nafta. Das 500 maiores empresas, 185 são norte-americanas, 141 são européias e 104 são japonesas. Para Rugman, os dados indicam que não há homogeneização cultural nem econômica.

Ao contrário de Rugman (2003), Caves (1998) identificou uma lacuna na agenda de pesquisa centrada em EMNs, no que se refere ao fenômeno da globalização: o crescente comércio intrafirma que decorre da descentralização da produção em virtude da economia de escala e da especialização de tarefas. Estas são grandes o suficiente para provocar aumento dos custos de transportes e comunicação.

Nessa mesma linha de investigação, Cowling e Tomlinson (2005) analisam como a globalização e o poder das corporações interagem e moldam a natureza da economia moderna de mercado. Os autores promovem uma reflexão sobre as implicações do crescimento das empresas transnacionais e da estrutura concentrada de mercado nos países de industrialização avançada. Embora se detenham na tríade Europa Ocidental, Estados Unidos e Japão, dizem que os tentáculos dessa estrutura se estendem ao restante do mundo, por meio do processo de globalização.

O ponto central da análise é a ligação entre a estrutura oligopolista e a divisão da renda. Os autores observam que em todo o mundo se verifica uma tendência de concentração em vários setores, por meio de crescimentos orgânicos, fusões, aquisições, *joint venture*, franquias e alianças estratégicas. Como resultado, surgem algumas corporações gigantes, que distribuem suas unidades de produção pelo mundo, mas mantêm um centro estratégico de decisões.

Essas corporações tendem a estabelecer com seus concorrentes, também gigantes, acordos de oligopólio em diferentes setores. Esses acordos incluem concentração, manutenção dos preços em patamares elevados e medidas para favorecer a elasticidade do preço da demanda, ou seja, para evitar que os consumidores respondam ao aumento de preços com desaceleração do consumo do bem ou serviço. O controle do oligopólio sobre o mercado é mantido por meio de uma série de fatores, como a existência de barreiras à entrada de novos fornecedores, a troca de informações entre os integrantes do acordo, a facilidade de punição de quem tentar romper com o cartel, a concentração dos vendedores e a atomização dos compradores para minar o contrapoder da procura.

Esses acordos acabam por impedir a competição que deveria resultar da abertura dos mercados, dos avanços da tecnologia da informação e da própria difusão da globalização. O resultado seria o crescimento dos lucros das grandes corporações, mas com uma tendência de estagnação da renda dos trabalhadores.

As grandes corporações têm grande poder de interferência na economia, na política e no desenvolvimento social de diversos países por pressionarem os governos a dificultar a ação dos sindicatos, a realizar investimentos subsidiados e a oferecer uma infra-estrutura necessária às atividades. O quadro é também favorecido pela captura das agências reguladoras para atender aos interesses privados.

Sklair (2001) tenta responder se a globalização é mito ou realidade. Para o autor, as corporações transnacionais (CTNs) representam o poder da "classe capitalista transnacional", ou seja, a coordenação da economia global por parte das grandes corporações possibilita a existência de uma "classe capitalista transnacional".

Ele usa a lista da revista *Fortune Global* para analisar a globalização por intermédio das quinhentas maiores empresas do mundo, divididas por receita, por segmento industrial e por país de origem. A lista está dividida em cinco setores: (1) bens de consumo e serviços; (2) serviços financeiros; (3) indústria pesada; (4) infra-estrutura; (5) eletrônicos. Na lista de 1995, 60% das empresas eram norte-americanas e japonesas.

O setor de bens de consumo e de serviços tem 153 empresas e receita de US$ 4,3 trilhões, a maior dos cinco setores. Nele estão indústrias de motores e de automóveis, exportadoras e indústrias de alimento. Segundo Sklair (2001), esse é o setor responsável pela "cultura e ideologia do consumismo", onde se encontram as marcas globais. O setor de serviços financeiros tem 132 corporações e receita total de US$ 2,6 trilhões. Nesse setor predominam os bancos, que desfrutam dos benefícios da globalização e de um mercado financeiro conectado em escala mundial. O setor de indústrias pesadas tem 84 empresas e receita de US$ 1,7 trilhão. Nele estão as indústrias de petróleo, que pertencem a um ramo considerado "internacionalizado" por causa da necessidade de extrair recursos naturais espalhados pelo mundo sem as barreiras das fronteiras políticas. O setor de infra-estrutura tem 88 empresas e receita total de U$ 1,6 trilhão; finalmente, o setor de eletrônicos possui 43 corporações e uma receita de US$ 1,2 trilhão.

Sklair (2001) entrevistou oitenta executivos da lista da *Fortune 500* a respeito de quatro critérios que representam a globalização: (1) investimento externo direto; (2) melhores práticas empresariais (*benchmarking*); (3) a cidadania das corporações globais; (4) a visão global. Para o autor, esses quatro critérios envolvem questões que diferenciam as corporações multinacionais (ou internacionais) das corporações globalizadas (ou transnacionais).

A principal indagação era identificar se as estratégias e as práticas dessas corporações são orientadas pelos interesses econômicos nacionais (visão estadocêntrica) ou pelos interesses globais. Para o autor, o surgimento de uma classe capitalista transnacional não é possível se as corporações reproduzem interesses nacionais do país de origem nas subsidiárias no exterior.

Nas empresas entrevistadas no setor de bens de consumo e de serviços, o processo de globalização da empresa não é um projeto acabado, mas contínuo e essencial para as corporações que desejam sobreviver e prosperar no mercado. Isso é válido mesmo em segmentos muito dependentes de características locais, como o de alimentos.

As evidências da pesquisa de Sklair (2001) mostram que a idéia de globalização tem forte ressonância entre executivos da lista da *Fortune 500*. O conceito de que empresas multinacionais são empresas nacionais com unidades no exterior é rejeitado pelos entrevistados e visto como incompatível com as demandas da economia global contemporânea. Os executivos acreditam que suas empresas estejam em um estágio de transição de corporações multinacionais para corporações globais, ou seja, elas estão em processo de globalização.

Outro resultado importante é que, para a maioria dos entrevistados, as empresas não têm alternativas a não ser se tornarem globalizadas. Um dos entrevistados enfatizou que "a globalização não é um processo natural". De fato, o esforço das corporações em se tornarem globais permite a criação de uma "classe capitalista transnacional", que tem como uma das principais funções facilitar a globalização de empresas em relação a economia, política, ideologia e cultura. Sklair chama a atenção para uma mudança de orientação das empresas. Elas devem substituir a mentalidade de "desenvolver mercados externos e enfrentar a concorrência estrangeira" por "estratégias competitivas para o mercado global". O autor afirma que essa mudança de postura tem conseqüências para os funcionários em todos os níveis, e para as comunidades onde as subsidiárias se encontram.

Outra característica é a mudança na estrutura industrial, ocorrida nos cinco setores apontados pela *Fortune 500*. As maiores CTNs compraram empresas menores ou estabeleceram alianças estratégicas com redes globais. Assim, há dois fatores determinantes para a globalização da empresa: (a) o tamanho do mercado interno (em relação a escala de produção e escopo de operação); (b) o setor industrial da empresa (empresas de petróleo se internacionalizam em busca de recursos naturais, enquanto empresas de energia e telecomunicações atendem unicamente ao mercado interno).

Entretanto, Sklair afirma que esses fatores determinantes não justificam os processos atuais de globalização de empresas. Isso porque transformar uma corporação multinacional em transnacional (ou global) envolve questões mais complexas do que reunir capacidades locais. É necessário desenvolver e estabelecer estratégias globais que promovam inovações econômicas, organizacionais, políticas, culturais e ideológicas.

capítulo 2

Abordagens Teóricas

Este capítulo apresenta as principais abordagens teóricas de NI agrupadas em análises econômicas, comportamentais, culturais, gerenciais e de barganha.

ABORDAGENS ECONÔMICAS

Neste subitem serão brevemente tratadas as seguintes abordagens: internalização, custos de transação e teoria eclética (Buckley, 2005; Rugman e Brewer, 2001; Dunning, 2003a).

Segundo Buckley (1996), a teoria de NI corresponde a teoria da empresa multinacional fundamentada na abordagem da internalização. Essa última deriva originalmente do trabalho de Coase (1937) e foi desenvolvida por Buckley e Casson (1976; 1992). Resultados similares surgiram dos trabalhos de outros autores, como Rugman (1981), Hennart (1982) e Dunning (1993). Esse conjunto de estudos fundamenta-se na economia de custos de transação (Williamson, 1975; 1981; 1985) e pode ser considerado uma bem-sucedida aplicação da economia institucional.

A teoria da internalização defende que a criação das EMNs ocorre quando a internalização das imperfeições do mercado externo envolve cruzar fronteiras nacionais. De acordo com essa idéia, as firmas crescem ao substituir as imperfeições do mercado externo por mercados internos.

A decisão de internalização ocorre de acordo com quatro parâmetros: (1) fatores específicos da indústria (produto e estrutura do mercado externo); (2) fatores específicos da região; (3) fatores específicos do país, incluindo políticas governamentais; e (4) fatores específicos da firma (habilidade da gestão para organizar o mercado interno). A internalização só ocorre até o ponto onde os benefícios equivalem aos custos.

A EMN torna-se um sistema de controle central que administra imperfeições do mercado externo. Assim, surgem os custos de transação, associados à gestão além das fronteiras. Esses custos, que correspondem a custos de comunicação, são associados à necessidade de alto volume de contabilidade e controle de informação. Os custos podem ser expressivos, se cada unidade necessitar de um sistema de comunicação próprio, e podem aumentar quando as informações fornecidas pelos "locais" precisam ser checadas.

O desenvolvimento de atividades de valor no exterior depende das vantagens específicas da firma e das vantagens específicas do país. Segundo essa teoria, são três os principais objetivos das EMNs no contexto internacional: (1) maximizar a eficiência das operações correntes; (2) reduzir custos; e (3) desenvolver o aprendizado. Elas podem utilizar três meios para atingir esses objetivos: (1) economia de escala; (2) economia de escopo; e (3) exploração das diferenças nacionais.

A organização interna das EMNs torna-se importante nas operações além das fronteiras nacionais, em relação à escala e ao escopo. Além disso, a relação entre a subsidiária e a matriz torna-se fundamental, em especial quanto à transferência de conhecimento.

Rugman e Verbeke sugerem que cinco pressupostos iniciais de Buckley e Casson necessitam de revisão diante da nova realidade das EMNs: (1) os limites de expansão das EMNs com operações intensivas em pesquisa e desenvolvimento; (2) a direção única do fluxo de conhecimentos, da matriz para as subsidiárias; (3) as dificuldades para transferir conhecimentos; (4) a descentralização, que surge sem decisões estratégicas formais; e (5) a limitação das subsidiárias no processo de inovação.

Para futuras pesquisas, Rugman e Verbeke fornecem as seguintes sugestões: (1) enfatizar que custos de transação ocorrem em contextos sociais e tecnológicos particulares, e que a teoria necessita esclarecer a fronteira ideal entre a matriz e a subsidiária; (2) formular e operacionalizar hipóteses sobre o funcionamento interno e buscar alternativas de governança das EMNs; (3) investigar complexidade e sofisticação das operações *versus* pressões por centralização e simplificação; (4) investigar a formação de *cluster* assimétrico e, ao mesmo tempo, evitar essa assimetria e a desinternalização de atividades pelo mercado financeiro; (5) reduzir a divisão entre os acadêmicos de NI a respeito de custos de transação como referencial adequado para pesquisa.

Enfim, Rugman e Verbeke defendem a perspectiva fundamentada em custos de transação para explicar as EMNs e, portanto, a relevância da obra de Buckely e Casson (1976). Eles afirmam que a escola de custos de transação e internalização pode oferecer idéias úteis para acadêmicos de gestão e gerentes, ao ampliar a análise quando se inclui o funcionamento das *redes diferenciadas* das EMNs.

Apesar disso, essa abordagem é freqüentemente vista como periférica e não permite entender com profundidade o funcionamento atual de organizações complexas como as EMNs. Isso é defendido especialmente por acadêmicos de GI (Bartlett e Ghoshal, 1989; Doz e Prahalad, 1991; Hedlund, 1994; Ghoshal e Moran, 1996; e Birkinshaw, 2000).

A esse respeito, Ghoshal e Moran (1996) argumentam que as prescrições que resultam da teoria econômica de custos de transação são provavelmente erradas e perigosas para gerentes. Isso por causa das premissas e da lógica que a fundamentam. Mais especificamente, eles defendem que organizações não são meros substitutos para estruturar transações eficientes quando os mercados falham. Elas possuem vantagens únicas para governar certos tipos de atividades econômicas por meio da lógica que difere daquela do mercado. Em resumo, economia de custo de transação é "ruim para a prática" porque não reconhece essa diferença. Com base nas vantagens organizacionais, seria mais adequado construir uma teoria da "economia organizacional". A teoria de custos de transação tem sido criticada por conter e ocultar uma ideologia que distorce a realidade, por ser uma teorização divorciada da realidade, por não ser generalizável (com seu viés etnocêntrico), por ignorar as bases contextuais da ação humana e, por essa razão, apresentar uma visão subsocializada da motivação humana e supersocializada do controle institucional.

Dentre as abordagens econômicas de NI cabe destacar a teoria eclética de Dunning. O autor emprega o acrônimo OLI para representar os três elementos da teoria: *ownership, location* e *internalization*. O primeiro elemento – vantagem de propriedade (*ownership*) – segue a idéia de Hymer de que a firma possui alguma vantagem que contribui para superar os custos adicionais de competição no exterior. O segundo – locação (*location*) – indica que uma empresa localiza suas atividades para ganhar acesso a mão-de-obra, capital, materiais e outros insumos baratos, ou para vender próximo de seus clientes e evitar os custos de transporte e tarifas (Kogut, 1998, p. 156). O terceiro elemento – internalização (*internalization*) – explica por que a empresa escolhe explorar sua vantagem por meio de propriedade direta de outra empresa no exterior, em vez de fazer *joint venture*, oferecer licença, conceder franquia, ou simplesmente assinar acordo de vendas de exportação com empresas no exterior.

Segundo Dunning (2003a), o paradigma eclético (ou OLI) permite analisar a tendência das firmas em promover e controlar atividades de valor agregado para além das fronteiras nacionais. A extensão e o padrão da produção da firma no exterior, financiada por IED, serão determinados pela força e interação entre três conjuntos de variáveis: (1) recursos e capacidades específicos e únicos (**O**) da firma potencialmente investidora; (2) locações alternativas atraentes (**L**), em países e regiões que ofereçam vantagens e estrutura para criar recursos e capacidades; e (3) a extensão pela qual as firmas internalizam (**I**) o mercado para a criação ou uso das vantagens específicas de propriedade (**O**), diante dos mercados próximos, ou de acordo contratual com outras firmas (ver Dunning, 1977; 1980 e 2003b).

Wells (1993) destaca a contribuição de Dunning para a área de NI ao citar a teoria "eclética". Stopford (1994) também afirma que o paradigma eclético é a principal contribuição de Dunning para a análise e o entendimento do IED. Apesar de seu foco original ser predominantemente econômico, Dunning incluiu posteriormente em seus estudos reflexões gerenciais e políticas acerca da crescente complexidade e proeminência das EMNs no mundo.

A teoria eclética, na opinião de Kogut (1998), forneceu uma perspectiva útil nas décadas de 1970 e 1980, mas a elevada globalização dos mercados diminuiu o seu valor conceitual.

A teoria de internalização de Buckley e Casson (1976) sugere que as empresas desenvolvem e utilizam seus recursos além das fronteiras para tirar vantagens das assimetrias de capacidade e de conhecimento. A teoria de internalização, quando combinada com vantagens locacionais e de propriedade, proporciona uma racionalidade sofisticada para explicar produção internacional (Doh, 2005).

No entanto, o fenômeno de *offshoring* parece reafirmar e ao mesmo tempo desafiar a estrutura OLI. Locação é crucial na motivação para *offshoring*, mas a importância das vantagens de propriedade e de internalização são menos evidentes (Doh, 2005).

Como visto até agora, o debate entre os proponentes e os críticos das abordagens econômicas permanece uma questão central na área de NI.

ABORDAGENS COMPORTAMENTAIS

Segundo Hemais e Hilal (2002), os estudos sobre o processo de internacionalização da firma, desenvolvidos na Escola de Uppsala (na Suécia), obrigaram a área de NI a ir além da teoria econômica (ver também Hemais, 2004; 2005). Antes, o limite de crescimento da firma era determinado pela demanda existente, e importavam apenas os aspectos macroeconômicos, como o comércio internacional. Os pesquisadores começaram a olhar para dentro da organização e permitiram que o estudo de NI abrangesse a teoria comportamental da firma. Johanson e Vahlne (1977) desenvolveram um modelo de internacionalização seqüencial no nível da firma. Esse modelo enfatiza o aumento da internacionalização por meio de aquisição, integração e uso do conhecimento de mercados externos.

Segundo essa abordagem, a firma internacional é uma organização caracterizada por processos baseados em aprendizagem e apresenta uma complexa e difusa estrutura quanto a recursos, competências e influências. O limite de crescimento da firma está associado aos seus recursos humanos e à aquisição de conhecimento coletivo, que seria um processo evolutivo, conseqüência da experiência direta dos funcionários.

Essa perspectiva é uma adaptação da teoria comportamental da firma, da aprendizagem organizacional e do modelo da racionalidade limitada (desenvolvido no Instituto Carnegie e que rendeu a Herbert Simon o prêmio Nobel em Economia). Em resumo, esses estudos afirmam que as organizações são coalizões de grupos de interesse conflitantes, cujo processo decisório é baseado em experiências passadas, regras e normas adotadas de forma gradual e incremental. As organizações são vistas menos como hierarquias rígidas e mais como redes de relacionamentos, nas quais a habilidade de aprender pela experiência é uma ferramenta fundamental (Hemais e Hilal, 2002).

Uma das idéias centrais da teoria comportamental da firma ampliada para os estudos de internacionalização da firma, é a de que os gerentes evitam riscos e não tomam decisões arriscadas voluntariamente. Assim como os gerentes recorrem às experiências bem-sucedidas do passado para evitar riscos, as firmas dão passos curtos e cautelosos na hora de explorar além de suas fronteiras, pelo princípio de que o estrangeiro é misterioso, um terreno desconhecido, com incertezas de natureza cultural, política, econômica, jurídica, lingüística etc.

De acordo com a abordagem de internacionalização de Uppsala, a incerteza que envolve uma ação internacional aumentaria na proporção direta a distância, ou seja, quanto mais longe da matriz, maior é a incerteza. As primeiras pesquisas indicaram que as empresas suecas começaram o processo de internacionalização pela Noruega e Dinamarca, depois se expandiram rumo ao sul da Europa e só posteriormente cruzaram oceanos. Entretanto, essa distância não se mede somente em quilômetros, mas também pelas diferenças culturais, econômicas, tecnológicas, políticas e educacionais entre os países de origem e os de operação. Essa diferença é chamada de psíquica e quanto maior essa diferença, maior a incerteza. Por isso, a seqüência na seleção de mercados ocorre por meio de entradas sucessivas em países cada vez mais distantes à medida que a firma for ganhando experiência em operações estrangeiras (Hemais e Hilal, 2002).

De fato, os estudos da Escola de Uppsala permitiram identificar um padrão do processo de internacionalização de firmas em duas etapas:

- A primeira ocorre por meio de operações no exterior iniciadas em países próximos; a expansão da operação ocorria de forma gradual para regiões mais distantes.
- A segunda define a entrada no mercado estrangeiro por meio de exportação, raramente começando o processo de internacionalização com a firma implantando unidades de venda no exterior ou por meio de subsidiárias. Em geral, o investimento em subsidiárias só ocorre depois de anos exportando para o mesmo local.

O pensamento da Escola de Uppsala evoluiu até chegar na questão de redes de relacionamento (*networks*), seja na esfera industrial ou no relacionamento existente entre firmas e mercados internacionais. Há uma diferença entre o modelo tradicional e esse processo evolutivo de redes de relacionamento: o padrão heterogêneo de oportunidade de entrada.

No modelo tradicional, havia uma padronização do modo e dos motivos de internacionalização das firmas. A heterogeneidade motivaria a firma a escolher mercados e estratégias de entrada que poderiam ser bem diferentes do modelo tradicional, e os relacionamentos (pessoais ou de negócios) poderiam ser usados como pontes para entrada em outras *networks*. A interação entre atores, mais do que processo de decisão estratégica, dá forma às estruturas de *network*, nas quais a concentração nos laços cognitivos e sociais entre os atores mantêm os relacionamentos de negócios. A internacionalização deixa de ser só uma questão de produção no exterior e passa a ser percebida mais como fator de relacionamentos potenciais além-fronteiras.

Nesse modelo, o processo de internacionalização aceita múltiplos modos de entrada, como exportação, licenciamento, subsidiária de vendas, subsidiárias para produção, instalação de fábricas, gestão de contratos e *joint venture*. Os modos de entrada podem ser complementares e não-concorrentes, sendo que a combinação mais freqüente, de acordo com Hemais e Hilal (2002), é o licenciamento com o *joint venture*.

A nova perspectiva de estudo da internacionalização da firma é denominada "heterarquia organizacional". Na prática, corresponde ao contrário da hierarquia. Para ser eficiente globalmente, cada unidade da multinacional deve compartilhar conhecimento, e as subsidiárias devem ser flexíveis na gestão. A integração global ocorre por meio de mecanismos normativos como cultura e ética, em um contexto no qual cultura corporativa e redes de relacionamentos são instrumentos de controle mais eficientes do que hierarquia e processos formais. A dimensão do poder não pode ser negligenciada nessa perspectiva, na qual indivíduos e grupos de interesse das organizações multinacionais disputam poder intra-organizacional. Vale destacar que, nesse contexto, as diferenças baseadas na cultura nacional têm impacto considerável na gestão de firmas internacionais.

Nesse ponto, cabe destacar que o comportamento político dos atores de negócios é uma dimensão relevante das multinacionais que tem sido negligenciada na literatura de NI (com raras exceções, como Boddewyn, 1988; Boddewyn e Brewer, 1994). As multinacionais organizam suas atividades para influenciar atores políticos nos países estrangeiros (os legisladores, por exemplo), incorporando assim a gestão desses atores externos à *network* dos negócios (Hemais e Hilal, 2002). O objetivo das firmas é obter benefícios de operação no estrangeiro (como vantagens fiscais ou diminuição da barreira alfandegária). A supremacia do poder encontra-se no governo, e a *network* política encontra obstáculos no tempo de duração do mandato. A transitoriedade e a instabilidade, causadas pela elevada rotatividade dos atores políticos, levam a um grande esforço dos gestores de negócio para manter a *network* ativa.

No âmbito das relações da firma com o ambiente externo, é possível identificar três estágios no desenvolvimento da pesquisa centrada no comportamento político (ver Boddewyn, 1992): (1) atores políticos (notadamente governos) são vistos como obstáculo para os objetivos, as estratégias e as operações das empresas multinacionais; (2) conflito e barganha entre multinacionais e governo; (3) comportamento político internacional examinado no sentido estratégico. Boddewyn diferencia o último estágio em "firma-contra-governo" (na formulação estratégica) e em "firma-com-governo" (quando as empresas usam o governo para adquirir ou manter vantagens competitivas sobre os concorrentes). Buckley (1996) afirma que o papel do Estado como patrocinador e defensor das firmas é uma importante dimensão, freqüentemente omitida das análises de estratégia corporativa. As imperfeições de mercado criadas pelo governo e suas agências são uma dimensão em potencial. Esse argumento pode ser estendido para o nível regional, onde a cooperação de grupos de governos (por exemplo, a União Européia) tem outros focos preferenciais.

Estudos na área de NI assumem que a autoridade do governo é maior do que a das CMNs. De fato, a maioria considera os atores políticos de países anfitriões como uma limitação externa, um risco político no processo de internacionalização, e que as CMNs têm um papel passivo. Hadjikhani (2000) contesta essa visão passiva das CMNs e a influência homogênea dos governos e tenta entender qual é o comportamento político das CMNs quando negociam com tomadores de decisão na administração pública.

Hadjikhani (2000) estuda o comportamento político de três CMNs suecas (Electrolux, ABB e Ericsson) e suas interações com políticos da União Européia. O modelo teórico de internacionalização de firmas enfatiza a rede de relacionamentos entre políticos e empresários e o conceito de comprometimento. Tal comportamento é baseado nas trocas econômicas e sociais entre grupos que representam sistemas empresariais e políticos. Os atores políticos objetivam ganhar recursos diretos e negociar regras preferenciais para suas empresas e setores.

Sklair (1998) afirma que as ETNs sempre foram atores políticos, mas as demandas da economia global exigem delas um comportamento político mais sistemático.

Historicamente, a relação entre o poder econômico e o poder político das ETNs tem sido altamente controversa. Há, no entanto, pesquisas sugerindo que as maiores corporações estão usando métodos mais sutis para atingir objetivos políticos que atendam aos seus interesses econômicos. Sklair (1998) ilustra o envolvimento das ETNs na definição de padrões internacionais no *Codex Alimentarius Commission* (*Codex*) e na definição da agenda política da União Européia.

De maneira similar, Ramamurti (2004) suspeita que nos últimos dez, quinze anos as EMNs passaram a trabalhar por intermédio dos governos de origem e das instituições internacionais, para reescrever as regras globais de acordo com seus interesses. Como resultado, os países em desenvolvimento ficaram com menos poder de barganha para regulamentar as atividades das EMNs. A busca corporativa por regras globais pode ser ilustrada, segundo Ramamurti, pelo acordo sobre proteção da propriedade intelectual, em escala mundial, que resultou da Rodada do Uruguai (do General Agreement on Trade and Tariff, que estabeleceu a criação da Organização Mundial do Comércio).

ABORDAGENS CULTURAIS

Usunier (1998) destaca as abordagens teóricas e metodológicas que sustentam a pesquisa internacional na área de Gestão, desde a década de 1960. O autor indica que a agenda de pesquisa em GI mudou do foco inicial na internalização e nos motivos da internacionalização das firmas para um aspecto contemporâneo diverso, que resulta das mudanças específicas funcionais. O estudo de Usunier é orientado predominantemente pelas agendas de pesquisa positivista e funcionalista-estrutural, o que, no entanto, representa a ortodoxia teórica no campo de GI (Jack, 1999, p. 210).

Para Usunier, a pesquisa *cross*-cultural em GI representa o fim do processo de colonização, porque permitiu conhecer outras culturas empresarias diferentes do modelo anglo-saxão. Por isso, o pesquisador e o gestor da área de GI devem ter a mente aberta, confrontar preconceitos e pressupostos culturais, promover o diálogo entre diferentes costumes e civilizações e combinar métodos de pesquisa qualitativos e quantitativos.

A cultura é construída socialmente e por isso corresponde a uma realidade altamente complexa. É comum o pesquisador utilizar sua própria cultura como esquema interpretativo, com seus próprios preconceitos e julgamentos, para então obter conclusões rápidas. Esse processo põe a pesquisa *cross*-cultural em risco, porque não exime o pesquisador de interpretar, de certa forma, sua própria realidade. Entretanto, experiências e bagagens pessoais podem ser úteis em pesquisas *cross*-culturais quando o pesquisador tem uma formação multicultural e multilingüística.

Usunier chama a atenção para o risco de haver pressupostos culturais escondidos ou camuflados. Todos nós, pesquisadores ou não na área de Gestão *cross*-cultural, temos uma raiz cultural e, portanto, não somos seres aculturados ou excluídos de contexto. Ele argumenta que é melhor explicitar preconceitos do que esconder pressupostos ou tendências culturais. O autor acredita que há três estratégias para tentar expor essa estrutura ideológica-cultural dominante. A primeira seria apresentar claramente os pressupostos culturais logo no início da pesquisa como um "ponto de partida", de modo que fique claro o lugar de onde o pesquisador fala, qual a "lente" que ele utiliza para expor seu ponto de vista. A segunda seria trabalhar em cooperação com outro pesquisador, de cultura diferente, discutindo aspectos divergentes e tentando construir um consenso para a pesquisa. A terceira, permitir que entrevistados de outras culturas opinem sobre ferramentas metodológicas e conceitos utilizados na pesquisa.

A gestão *cross*-cultural tem ajudado a compreender e a superar diferenças culturais, facilitando a prática gerencial em diferentes contextos. Entretanto, há quem questione sua relevância à medida que os efeitos da globalização se aprofundem, promovendo uma convergência cultural. Usunier (1998) não vislumbra a possibilidade dessa convergência.

A pesquisa *cross*-cultural em GI não se resume a apontar semelhanças e diferenças entre culturas, mas também serve ao propósito de criar idéias e conceitos novos. Alguns tópicos merecem ser estudados, como interações *cross*-culturais, intermediações culturais e o papel de mediadores. Outra questão relevante é o processo de desaprender, porque habilidades recém-adquiridas de novas culturas não são simplesmente sobrepostas a conhecimentos prévios. É preciso se "despir" de preconceitos e pressupostos de culturas anteriores para conhecer uma nova.

Van Maanen (2005) afirma que os teóricos organizacionais não prestam muita atenção ao estudo da cultura das CMNs, mas quando a analisam percebem que ela (a cultura) é fonte de muitos problemas. O caráter multinacional das corporações cria uma complexidade cultural, ocasionando conflitos e confusões que fazem parte da interação entre indivíduos e grupos, e estes não possuem os mesmos códigos culturais. De acordo com Van Maanen, os problemas podem persistir durante algum tempo e até serem amplificados, provocando desconfiança, desordem, hostilidades e impedindo o cumprimento das funções locais. Logo, aplicar teoria organizacional nas corporações multinacionais tem como objetivo mediar os conflitos locais e integrar interesses locais com os interesses corporativos.

A diversidade cultural também pode ser uma vantagem para a corporação. Para o autor, a teoria organizacional aplicada às corporações multinacionais deve buscar preservar e aumentar conhecimentos, habilidades e interesses locais. Cultura é um mecanismo de diferenciação e integração, ou seja, é um meio de destacar diferenças e estabelecer fronteiras. Para o autor, cultura representa um modelo para o comportamento dos membros de um determinado grupo. A cultura é descrita como:

- **Processo** – definição derivada da Antropologia e da Sociologia que entende a cultura como um código de conduta inserido na vida social de um determinado grupo, cujas fronteiras são fixas e distintas, ou ambíguas e dispersas.

    Pesquisadores que utilizam essa abordagem falam da cultura de uma nação, grupo étnico, corporação, gangue, profissão. Os códigos de conduta podem ser encontrados por meio de observações etnográficas.

- **Produto** – definição derivada das ciências humanas e da crítica literária em particular, que trata a cultura como algo criado; resultado de atividades individuais ou grupais que possuem propriedades simbólicas distintas. Estudantes com alta cultura observam produtos de artistas, cientistas, intelectuais, arquitetos.

  Estudantes com baixa cultura observam os produtos da mídia, propaganda, moda, televisão, cinema. Várias ferramentas são utilizadas nessa abordagem, como os estudos semióticos, históricos e a hermenêutica.

As duas abordagens raramente se sobrepõem. Aqueles que estudam símbolos não se preocupam com a organização social por trás daquela produção cultural. De acordo com a perspectiva de Van Maanen, cultura deve ser tratada como produto e processo. Produto e processo são conceitos pouco definidos e referem-se à classificação das experiências do mundo. Os dois conceitos, quando alocados ao grupo, podem prover aos membros imagens das suas preocupações básicas, princípios, ética, rituais, ideologias, estratégias, táticas de sobrevivência, algumas formas de folclores e lendas, que se transformam em uma consciência coletiva, separando membros de não-membros.

Os estudiosos concordam que todas as CMNs possuem uma marca cultural, que se refere à sociedade de origem. Quanto maior o poder econômico dessa sociedade, mais óbvia é a marca. Corporações com sede em países menores são menos etnocêntricas, e o fluxo de integração cultural pode ser mais simétrico e recíproco. Normalmente, os dois modelos – homogeneização e resistência cultural – se interpenetram.

Ghoshal e Nohria (1990) argumentam que a CMN é composta de diversos membros, que atuam em unidades políticas autônomas. Essas subunidades, ou subsidiárias, estão imersas em ambiente bastante heterogêneo e foram desenvolvidas em condições históricas diferenciadas. Essa definição demonstra complexidade e diferenciação que sugere a constituição da periferia e do centro nas organizações. A diversidade cultural está presente. Culturas mais fortes não permitem a homogeneização de práticas administrativas e de produtos, o que ocorre em algumas subsidiárias. No entanto, uma organização com cultura própria pode inspirar lealdade e tender à homogeneização das subsidiárias. Algumas práticas podem auxiliar na dispersão da cultura da organização, como rotação de pessoal da matriz para as subsidiárias, encorajamento de empregos vitalícios etc.

Cultura deve ser tratada como construção simbólica, representada, entendida e usada por um grupo. Van Maanen destaca cinco pontos:

1. O efeito da cultura na *performance* econômica é provavelmente superestimado.
2. Se houve correlação entre cultura e desempenho, não está claro o que isso significa.
3. O modelo global destaca a aquisição gradual da cultura por meio de processo recíproco, e não simplesmente destruindo a cultura local.
4. O impacto das CMNs nas sociedades em que operam é grande, mesmo para corporações mais participativas e sensíveis às culturas locais: corporações são atores poderosos que alteram e influenciam padrões culturais dos locais onde operam.
5. CMNs não atuam por meio de "desconstrução": elas operam em diferentes regiões do mundo para gerar lucros, e não para estudar e desenvolver relações interculturais. Enquanto persistir a idéia de objetivo comum, originado na relação centro–periferia, as diferenças continuarão sendo ignoradas.

Em resumo, cabe destacar que os estudos *cross*-culturais surgem nos anos 1970 e 1980 como abordagem de pesquisa em decorrência da transferência de sistemas gerenciais entre distintos contextos culturais (Child, 1981). Essas análises assumem cultura como variável explicativa para as divergências de valores e práticas gerenciais (Usunier, 1998).

O estudo de Hofstede (1980) tornou-se marco da pesquisa sobre cultura porque refuta o universalismo do paradigma da extensão em NI ao reconhecer a influência da cultura nacional nas práticas corporativas. Apesar de sua validade ter sido questionada, expressivo volume de pesquisa em gestão *cross*-cultural ainda se baseia nas dimensões culturais de Hofstede. Em paralelo, os estudos culturais em NI ampliam o escopo das investigações ao analisar as implicações da cultura global; o papel das questões culturais no ensino de negócios (Kedia, 2006); os aspectos culturais da globalização e as relações entre culturas, instituições e estratégias internacionais (Tayeb, 2003).

ABORDAGENS GERENCIAIS

Buckley (1996) reconhece que a tradição econômica e as escolas de custos de transação/internalização em NI têm dado pouca atenção às questões de organização da firma multinacional.

No entanto, Ghoshal e Westney (2005) tentaram estabelecer a relação entre teoria organizacional e estudo da empresa multinacional. Mais especificamente, a obra trata da teoria macroorganizacional, centrada na interação entre organização, o ambiente e a gestão internacional dos negócios. Os autores indicam que a única exceção para a ausência de relações entre teoria organizacional e EMNs é a abordagem de GI fundamentada na teoria contigencial.

Nessa abordagem, a estratégia e a estrutura das multinacionais são retratadas como uma resposta a dois fatores ambientais principais: (a) "a integração global" que resulta em crescente homogeneização de mercados e em difusão tecnológica; (b) as diferenças nacionais que resultam de intervenções estatais, gostos e preferências locais. Essa abordagem se disseminou na literatura de GI por meio dos trabalhos de Prahalad; Doz e Bartlett. Posteriormente, esses trabalhos resultaram em debate sobre a estrutura organizacional das multinacionais – "multidoméstica", "transnacional", "multifoco" e "heterárquica".

Segundo Ghoshal e Westney (2005) os conceitos que fundamentam os tipos ideais de EMNs são: (1) dispersão, ou seja, a capacidade de inovar difundida pela firma e não como prerrogativa do centro; (2) interdependência resulta de uma distribuição de trabalho facilitada por um fluxo substancial de pessoas, tecnologia e produtos, para que cada atividade seja feita em sua locação; (3) relação estreita entre as unidades pode permitir à firma responder a uma ameaça em uma unidade com ações em outra. Isso requer ligações de comunicação, coordenação de estratégias e sistema de recompensa corporativo; (4) aprendizagem entre unidades, para transferência de inovações; (5) flexibilidade estrutural, porque o processo organizacional é mais importante do que qualquer estrutura particular. Buckley (1996) enfatiza o debate sobre a presença dessas características nas multinacionais, apesar de afirmar que "são surpreendentemente compatíveis com a abordagem econômica de Negócios Internacionais".

Segundo Buckley, o trabalho de Bartlett e Ghoshal é um exemplo de gestão estratégica internacional. O autor afirma que, do ponto de vista daqueles pesquisadores, a constituição da firma transnacional envolve a combinação de três modelos anteriores de organização, menos completos e menos efetivos. Assim, o "transnacional" combinaria: (1) as respostas (com base na autonomia gerencial) das subsidiárias; (2) a eficiência em relação a economias de escala de atividades integradas da firma global; (3) a habilidade em transferir conhecimento e competências da firma internacional. As características organizacionais da transnacional são: configuração de ativos e capacidades dispersas, interdependentes e especializadas; operações no exterior que representam contribuições diferenciadas de unidades nacionais para uma operação mundial integrada; e conhecimento desenvolvido em conjunto entre as unidades da firma e compartilhado mundialmente (Bartlett e Ghoshal, 1989).

Houve uma mudança de foco da preocupação excessiva com a estrutura formal da multinacional (Stopford e Wells, 1972) para a gestão de indivíduos. Tal fato passou a enfatizar a oposição entre os extremos da dicotomia adaptação local *versus* integração global (Prahalad e Doz, 1987). Esses dois elementos, juntamente com a gestão e a difusão interna de tecnologia, são centrais no estudo da "transnacional", de Bartlett e Ghoshal (1989). Pesquisadores da tradição de processo menosprezam o papel da "organização formal", sugerindo que as pressões na gestão criem um contexto organizacional de controle estratégico e gerenciamento das (três) variáveis centrais.

Doz e Prahalad (2005) sugerem que o funcionamento das CMNs diversificadas necessita da criação de um constructo teórico que estabeleça relações com a teoria organizacional.

De acordo com Doz e Prahalad, o desenvolvimento de um novo paradigma para o estudo das CMNs diversificadas necessita de: (1) conceitos de médio alcance para a compreensão e a ação administrativas; (2) atenção para questões do processo administrativo; (3) atenção para mudanças e processos de ajustamento; (4) incorporação de variáveis estratégicas e ambientais; (5) cuidado com a questão cultural, pois as teorias têm sido desenvolvidas com base na economia norte-americana.

O novo paradigma seria capaz de: (1) considerar simultaneamente fatores de integração global e a capacidade de resposta local, voltando-se para a otimização da integração entre múltiplos (e muitas vezes conflituosos) negócios; (2) comparar indústrias, estratégias de negócios e sistemas administrativos, além de analisar e compreender os processos de mudança e de adaptação; (3) utilizar o gerente como unidade de análise básica; (4) focar em conceitos de médio alcance, fugindo de tentativas de construção de teorias universalistas; e (5) diminuir a possibilidade da análise cultural.

De forma similar aos relatos anteriores, Westney (2005) descreve os desafios e as contribuições acerca do uso da teoria institucional para a investigação de EMNs. A teoria institucional parte da premissa de que as organizações são simultaneamente fenômenos sociais e técnicos e, portanto, suas estruturas e processos não são moldados somente pela racionalidade técnica. Por isso, as relações (e não as transações) nas quais as organizações se engajam geram pressões sobre as possíveis formas de organização. O isomorfismo constitui a tendência de as organizações se estruturarem de forma similar, baseando-se em agente institucional ou na percepção interna quanto à validade de determinados processos e estruturas organizacionais.

Nesse processo, e comparando com outros paradigmas, a teoria institucional oferece uma ampla possibilidade explicativa, pois o isomorfismo varia de um extremo totalmente determinista para um voluntarioso, e também explica tanto a estabilidade quanto a mudança organizacional.

O estudo das EMNs apresenta um terreno fértil para o desenvolvimento da teoria institucional, pois elas operam em muitos ambientes, nos quais a natureza e a força das pressões isomórficas variam. Segundo Westney (2005), são três os desafios que a empresa multinacional apresenta à teoria institucional. O primeiro corresponde ao fato de as organizações abrangerem vários campos. A maior parte das grandes multinacionais atua em diversos países. Conseqüentemente, estão sujeitas a uma variedade de pressões isomórficas (até mesmo contraditórias).

As empresas respondem a essa variedade de pressões estruturando setores específicos. Todavia, a crescente interdependência entre as subsidiárias torna isso menos plausível. No entanto, duas alternativas são identificadas: (1) as empresas lidam de maneira informal – via atuação discricionária dos gerentes; e/ou (2) elas ampliam o escopo do isomorfismo, buscando soluções sistêmicas, para além dos seus campos. O primeiro desafio leva ao segundo – à mudança das fronteiras dos campos.

A teoria institucional não trata da questão da mudança das fronteiras do campo organizacional ao longo do tempo. Todavia, o estudo das empresas multinacionais torna essa questão relevante. Quando grandes empresas cruzam as fronteiras e se expandem para além de um campo, as pressões isomórficas fazem com que outras companhias as sigam. Nesse caso, ao cruzar fronteiras nacionais, é necessário entender como as novas pressões se relacionam com aquelas dos campos antigos e como as mudanças nas multinacionais afetam as empresas com as quais interagem. Também é importante acompanhar os agentes do isomorfismo mimético e entender como a definição de modelos de corporação global acaba afetando a mentalidade dos gerentes das EMNs.

O terceiro desafio refere-se à relação entre isomorfismo e inovação. Os teóricos institucionais estão focados em como as inovações se disseminam pelas organizações, e não no seu surgimento. O desafio para a teoria institucional é entender o surgimento da inovação quando os padrões organizacionais cruzam campos; assim, a EMN torna-se um ótimo contexto de pesquisa para a investigação dessa dinâmica (ver Roth e Kostova 2003).

A teoria institucional também pode contribuir para GI nas questões de padronização *versus* adaptação local; aprendizagem transfronteira; e relação entre Estado e EMN (ver Gilpin, 2001; Stopford e Strange, 1991).

O debate acerca da padronização *versus* adaptação local é complexo, porque o âmbito *local* pode significar adicionar valor, utilizar mão-de-obra local ou, ainda, adotar padrões locais de organização. Mesmo não tendo sido estabelecida uma ligação entre esses fatores, há indicação de que quanto mais adaptação local, maior o poder dos gerentes na EMN.

A teoria institucional contribui para o entendimento da adoção de padrões porque permite, nesse nível de análise, compreender muito das resistências que a adoção de determinadas práticas gera – pelas necessidades de adaptação à cultura local ou pela disputa de poder entre os gerentes locais.

Com relação à aprendizagem transfronteira, cabe questionar quando um padrão organizacional é transferível para outro contexto. A teoria institucional auxilia na definição do contexto dos relacionamentos organizacionais afetados pelo padrão transferido e na análise sobre o campo organizacional.

A última contribuição refere-se à relação Estado–multinacional. O papel desempenhado pelo Estado é central na teoria institucional e também é abordado em GI. Entretanto, enquanto em GI a relação multinacional–Estado é vista sob a perspectiva da escolha estratégica, na teoria institucional é vista pela ótica das pressões isomórficas.

As pressões isomórficas exercidas pelo Estado são três: (1) isomorfismo com as estruturas do Estado; (2) com estruturas aprovadas pelo Estado, mas não necessariamente incorporadas; e (3) de segunda ordem, induzidas pela certificação de profissionais e aprovadas pelo Estado. A empresa pode resistir às pressões, em favor de estruturas internas, criar estruturas diferenciadas em ambientes institucionais diversos ou se conformar.

A teoria institucional precisa de refinamento para identificar quando cada resposta deve ser adotada. Precisa ser refinada também para compreender os impactos das multinacionais na sociedade. Finalmente, essa teoria precisa entender melhor o papel do Estado nas sociedades industriais no que se refere à competitividade e ao futuro do sistema econômico mundial.

ABORDAGENS DE BARGANHA

Segundo Grosse e Behrman (1992), a constituição de NI como campo de estudo data dos anos 1960. No entanto, o campo não tem uma teoria amplamente aceita, que sustente sua singularidade como disciplina. Para os autores, NI dedica-se a estudar atividades de negócios que atravessam as fronteiras nacionais e, por essa razão, se preocupa com as firmas que realizam esses negócios e com as regulações dos governos nacionais. Assim, a teoria exclusiva desses negócios deve explicar as respostas para as políticas governamentais e a formulação de políticas dos governos em relação às firmas internacionais.

A teoria de NI deve explicar os padrões de exportação e importação, os ganhos do comércio, as razões e os fluxos de IED, as relações contratuais e também as estratégias e operações resultantes de intervenções governamentais (unilaterais ou multilaterais). Estas últimas criam conjuntos de regras para os negócios internacionais. Portanto, em NI a intervenção do governo deve ser a questão central.

As teorias existentes não são aceitas internacionalmente, porque não centram na natureza dos negócios internacionais. As abordagens discutem o nível da firma; não dão a devida relevância ao papel dos governos locais; não tratam da necessidade de as ETNs conviverem com diferentes políticas governamentais; não examinam os motivos para a intervenção do governo e distorcem o mercado.

Uma teoria genuína de NI deve explicar barreiras e incentivos para negócios no exterior, praticados por governos soberanos (unilateralmente, em comum acordo ou em conflito); deve analisar esforços para alterar a distribuição dos ganhos e os efeitos das políticas nas decisões e operações das firmas internacionais. Deve também abordar os impactos das firmas transnacionais nas políticas governamentais. A estrutura teórica com potencial para desenvolver essa teoria seria a teoria da barganha.

Grosse (2005) reafirma que as relações entre governos nacionais e firmas multinacionais constituem tema central em NI. Embora alguns autores tenham indicado a importância das relações governo–negócios nas operações no exterior nos anos 1960 (Behrman, 1962; Robinson, 1964; e Fayerweather, 1969), esse tópico não é abordado com o devido destaque na literatura de NI.

Primeiramente, em Economia Política (Gilpin, 1975), mas também nos campos de Negócios (Moran, 1974; Gladwin e Walter, 1980a; Behrman e Grosse, 1990), a teoria da barganha interorganizacional tem sido usada para caracterizar e analisar negociações, formulações políticas e comportamentos. Como empresas estão envolvidas em relações de poder com firmas rivais, a teoria de barganha deve incluir nas negociações entre ETNs e governos as potenciais respostas de outras corporações ou até mesmo empresas domésticas (ver Evans, 1979). Adicionalmente, as políticas de ETNs e de governos estão impregnadas com relações de poder que levam a compromissos e cooperação, e também à competição. A abordagem da teoria de barganha deve ser desenvolvida para englobar todos esses aspectos.

O uso da teoria da barganha em NI proporciona a análise dos recursos de troca e de interesses de cada participante. O debate passa a ser a maximização dos objetivos das ETNs e dos governos, e as restrições seriam os recursos e as habilidades de negociação dos participantes. As metas demonstram que governo e ETNs sofrem também pressões de firmas locais, governos locais e estaduais, bem como de firmas e governos estrangeiros.

Dessa forma, Grosse e Behrman (1992) indicam que a teoria de NI e as relações entre negócios internacionais e governos podem ser vistas como uma interseção de preocupações e atividades dentre três conjuntos críticos. Empresas devem manter relações de negócios com outras empresas, competidores, fornecedores e clientes, em vários países. Governos devem lidar com outros governos, bem como com empresas. As duas primeiras dimensões da abordagem correspondem aos campos de Relações Internacionais nas relações governo–governo, e as teorias domésticas de negócios nas relações empresa–empresa. A teoria de NI centra na terceira dimensão, a relação governo–empresa, mas complementa e fundamenta os outros dois campos teóricos e dimensões de abordagem.

Em resumo, as unidades de análise são as relações ETN–Governo, ETN–ETN e ETN–Empresas. Nesse ponto, Grosse e Behrman mencionam que uma apresentação detalhada dessa estrutura de análise se encontra no modelo elaborado por Stopford e Strange (1991) – o de diplomacia triangular (que será desenvolvido no próximo capítulo).

A abordagem de barganha entre ETNs e governos inclui três dimensões (ver Figura 2.1). A primeira refere-se aos *recursos relativos* sob poder das partes. No caso do governo, os recursos são o mercado e os fatores de produção do país de operação. Os atributos das ETNs são: renda, emprego, transferência de tecnologia, conhecimento gerencial e balanço de pagamentos. A segunda dimensão, denominada *stakes* relativos (nas palavras de Gladwin e Walter, 1980b), refere-se a: da parte do governo, emprego e redistribuição de renda; da parte da firma, acesso ao mercado do país de operação. A terceira dimensão da relação de barganha é o grau de *similaridade de interesses* entre ETNs e governo.

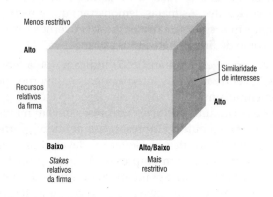

Fonte: Adaptado de Grosse e Behrman, 1992, p. 105.

Figura 2.1 Relações de barganha entre ETNs e governos de países de operação.

Nessa dimensão quanto maior o acordo entre as partes, menos regulação e coerção serão necessárias para canalizar as atividades da ETN na direção dos desejos do governo.

Dimensões ou elementos adicionais do processo de barganha seriam: (a) a habilidade de ETNs e governos de formarem coalizões com atores similares (instituições internacionais, governos e empresas), para fortalecer suas posições; (b) histórico das relações entre uma determinada empresa e o governo (como apresentado por Gladwin e Walter, 1980b), no sentido de que bons acordos prévios provavelmente resultam em fatos positivos no presente.

Quanto à relevância da teoria da barganha para os estudos na área de NI, os autores ressaltam: 1) identificação dos participantes centrais das atividades de negócios; 2) identificação das questões centrais a serem explicadas por uma teoria única de NI.

O escopo de análise de NI deve incluir também outros modos de entrada, porque existem governos que não aceitam e/ou controlam a entrada de empresas de capital estrangeiro. Assim, a solução para entrada seria por meio de franquia, licenciamento, contrato de co-produção e alianças.

Grosse e Behrman (1992) apontam como questões fundamentais para pesquisa em NI: (1) explicar as barreiras impostas pelo governo e as respostas das ETNs; (2) abordar as diferentes restrições governamentais e analisar seus impactos sobre as decisões operacionais das ETNs; (3) apontar os efeitos das políticas governamentais sobre as transações internas das ETNs; (4) abordar a distribuição de custos e de lucros entre ETNs e governos locais; e (5) analisar estratégias de negociação entre governo e ETNs, ETNs e empresa local e entre ETNs. Nesse ponto, os autores enfatizam que a diferença entre a teoria de NI e as de negócios domésticos está nas políticas governamentais existentes para cada país. Assim, a teoria de NI deve explicar as barreiras impostas pelos governos e as respostas das firmas para essas barreiras.

A centralidade dessas relações em NI está claramente exposta por Dunning (1998). A década de 1970 é repleta de exemplos de confrontações diretas que resultaram em expropriação e nacionalização de ativos estrangeiros. O debate concentrava-se na apropriação da tecnologia transferida pelas ETNs, no seu poder monopolista, nas suas práticas de trabalho, em seus efeitos sobre o ambiente e suas habilidades para manipular a evasão de impostos e os preços de transferência.

Segundo Dunning (1998), desde meados dos anos 1980 as relações entre as autoridades governamentais e as ETNs foram se alterando, do confronto para a cooperação. Os conflitos de interesses ainda existem, mas os debates acerca dos prós e contras da dependência econômica, ou interdependência entre ambos, são agora conduzidos no contexto da globalização econômica, em vez de centrar em estratégias e comportamento das ETNs.

Dunning (1998) ressalta que as interfaces entre governos e ETNs tornam-se mais construtivas no final da década de 1990, em decorrência da necessidade de atingir metas econômicas e sociais dependentes de investimentos e de tecnologia controlados pelas ETNs. No entanto, não é possível afirmar se a aliança entre ETNs e governos nacionais será mantida, porque questões controversas ainda permanecem, como sustenta Vernon (1998). Tais questões controversas envolvem preço de transferência, proteção ambiental, alocações para mercados de exportação, gestão de recursos humanos, práticas de negócios, questões culturais e ideológicas.

capítulo 3

Relações Governo–Empresa Multinacional

Este capítulo apresenta uma revisão da literatura sobre as relações governo–empresa. Dessa forma, o capítulo sustenta que tais relações constituem tema central de NI (ver Grosse, 2005; Grosse e Behrman, 1992). Em paralelo, o capítulo enfatiza especialmente as abordagens interdisciplinares sobre as relações governo–empresa. Assim, o leitor terá uma noção bastante objetiva das contribuições sobre o tema no que se refere aos estudos de Economia Política Internacional, NI e GI.

ESTADO E MULTINACIONAIS

As CMNs conquistaram espaço e relevância na economia global. Entretanto, sua existência e benefícios estão longe de consenso. Alguns acreditam que as CMNs ameaçam o bem-estar social e econômico dos trabalhadores, das pequenas empresas e das comunidades locais. As CMNs defendem-se e tentam convencer os cidadãos dos países em que se instalam de que aumentam exportações, salários e empregos. Os países receptores de IED têm uma postura ambígua com relação às CMNs. De um lado, querem atrair capitais e tecnologia, importantes para o desenvolvimento do país. De outro, temem a dominação e a exploração por parte dessas poderosas empresas, além da perda de autonomia nacional.

Buckley (1996) indica que não devem ser ignorados os aspectos de economia política resultantes das diferenças de abordagem entre as teorias de internalização e as que enfatizam o poder de mercado das EMNs (ver Hymer, 1968). Essa afirmação sustenta a ênfase deste livro para as relações governo–empresa no âmbito de NI. Nas abordagens econômicas, ao incorporar os impactos das multinacionais no bem-estar, reconhecem-se os ganhos e as perdas como conseqüência do estabelecimento e do crescimento das multinacionais. Segundo Buckley (1996), está claro que as implicações para o bem-estar das operações de multinacionais requerem análise cuidadosa e atenção ao aspecto empírico. O autor argumenta também que as variáveis políticas e sociais requerem mais atenção no âmbito de NI.

Vernon foi pioneiro no desenvolvimento de uma teoria comportamental da EMNs, como mencionado no Capítulo 1 deste livro. Para ele a importância dessas empresas não decorria somente do crescente papel que desempenhavam no comércio internacional, mas do fato de serem líderes em tecnologia e marketing. Vernon identificou a complexidade da realidade das EMNs e, dentre as forças que moldavam o comportamento dessas empresas, nomeou três aspectos centrais: rivalidade, incerteza e tempo. A ênfase de Vernon nessas variáveis continua, na opinião de Rangan (2000), a influenciar o pensamento e a pesquisa sobre multinacionais.

Mas Vernon também será lembrado por enfatizar o papel do governo. Mais especificamente por ter ressaltado que os objetivos dos governos e das multinacionais não precisam ser incompatíveis. Ele também indica que o mercado é provavelmente o resultado das políticas determinadas pelo governo, apesar de manter seu entusiasmo pelas forças do mercado. Vernon (1998) resgata o Estado como uma entidade legítima, com metas também legítimas. Em outras palavras, identifica o contínuo processo de barganha entre governos e multinacionais no sentido de alcançarem seus objetivos, respectivamente: o pleno emprego de recursos naturais e humanos e a maximização dos lucros.

Ao adotar uma abordagem de Economia Política Internacional (EPI) estadocêntrica, Gilpin (2001) acredita que, apesar da variedade de opiniões e definições a respeito, as CMNs não são corporações globais, mas empresas de determinada nacionalidade que organizam produção, distribuição e outras atividades além das fronteiras nacionais; seus comportamentos são determinados basicamente pelas políticas e estruturas econômicas e interesses políticos da sociedade de origem.

Segundo Gilpin (2001), o papel das CMNs na economia global tem se alterado por causa de alguns fatores. O primeiro foi a mudança tecnológica, com os progressos revolucionários nas comunicações e nos transportes, permitindo a organização e o gerenciamento global de sistemas industriais e de distribuição e reduzindo significativamente os custos da globalização dos serviços e dos setores de produção. O segundo foi a desregulamentação dos mercados financeiros e de outros serviços em muitos países, o que facilita IEDs. Outro importante fator de internacionalização dos negócios têm sido as mudanças nos métodos de produção e de organização industrial, que passaram do modelo norte-americano do "fordismo" para a denominada produção "enxuta e flexível", incorporando sofisticação tecnológica, máxima flexibilidade, produtos customizados e amplas redes de fornecedores. Com isso, as empresas passaram a operar em escala global por meio de redes de alianças corporativas, como a *joint venture*, as subcontratações, o licenciamento e os acordos de produção.

Com base no escopo das operações das CMNs, Gilpin (2001) afirma que os investimentos das EMNs exercem um impacto na localização das atividades econômicas em todo o mundo, nos padrões internacionais de comércio e nos índices nacionais de crescimento econômico. Entretanto, os Estados nacionais continuam sendo soberanos e atores principais do sistema internacional, e as economias nacionais permanecem no centro da economia global.

As CMNs sofreram duras críticas nas décadas de 1960 e 1970 (ver Sklair, 1998; Dunning, 1998). Mas houve diminuição dos ataques, em virtude do gigantesco aumento de IED de empresas de diversas nacionalidades (não só norte-americanas), dos investimentos cruzados entre economias nacionais e da crescente integração comercial.

Atualmente, a maioria dos governos dos países em desenvolvimento entende que, sem atrair IED, será muito difícil obter acesso a capital, tecnologia e mercado internacional, fatores necessários para o desenvolvimento econômico. Entretanto, na relação de barganha que se estabelece entre CMNs e governos nacionais, cada lado tenta extrair o máximo de vantagens e concessões da outra parte. Essas negociações têm seguido o chamado "padrão de barganha obsolescente", em que a empresa se encontra em posição mais forte antes de investir e consegue extrair o máximo de concessões, mas perde esse poder depois do investimento ter sido feito na economia hospedeira. Em geral, as empresas tentam conseguir um regime favorável de impostos e proteção comercial, e o país hospedeiro tenta impor "exigências de desempenho" às empresas, como a obrigação de comprar ou produzir localmente determinada porcentagem dos componentes ou bens intermediários usados nos produtos.

Os críticos das CMNs destacam a competição desigual para as empresas locais, porque as empresas estrangeiras recebem incentivos dos governos de origem, como subsídios e políticas industriais, em setores estratégicos como transportes e telecomunicações. Os custos políticos também são altos, como a perda da soberania e autonomia nacional por interferência dos governos de origem das CMNs, além dos custos relacionados à segurança nacional e à cultura nacional.

Gilpin (2001) acha impossível fazer uma avaliação objetiva das vantagens e desvantagens do IED para as economias hospedeiras (de destino), porque não existe uma maneira eficaz de quantificar custos e benefícios econômicos diretos e indiretos. Entretanto, reconhece que as CMNs representam uma enorme concentração de poder econômico e político. Para o autor, a menos que as economias hospedeiras tenham significativas capacidades financeiras e tecnológicas ou controle de acesso a grandes mercados, esses países estarão em desvantagem nas negociações com as empresas estrangeiras.

De fato, uma das finalidades do regionalismo econômico é fortalecer governos hospedeiros em suas negociações com as empresas estrangeiras. Essa estratégia é chamada de regionalismo defensivo, como é o caso do Mercosul. Por sua vez, o Nafta é chamado de regionalismo agressivo. A regionalização dos serviços e da produção vem ocorrendo mais rapidamente do que a integração global, o que significa que as grandes potências econômicas vêm concentrando IED em suas zonas de influência. Essa tendência se deve à facilidade de formação de economia de escala, tanto na produção quanto na distribuição, à proximidade dos principais clientes, às afinidades culturais e ao isolamento das economias de uma região das guerras comerciais e flutuações monetárias.

DIPLOMACIA TRIANGULAR

As mudanças que ocorreram na economia política internacional na década de 1980, com o aumento da interdependência econômica, alteraram o relacionamento entre Estados e EMNs. As empresas passaram a se envolver mais com os governos, e os governos reconheceram sua dependência dos escassos recursos controlados pelas firmas.

Stopford e Strange (1991) apresentam seis proposições, que resultam da adoção de abordagem interdisciplinar entre as áreas de EPI e NI, para comprovar tais mudanças.

A primeira afirma que os Estados competem mais por meios de geração de riqueza dentro do próprio território do que por poder no sistema internacional.

A segunda proposição indica que o surgimento de novas formas de competição global entre firmas influencia a forma como os Estados nacionais competem por riqueza.

A terceira sustenta que os países pequenos e menos desenvolvidos enfrentam barreiras para ter acesso às indústrias sujeitas à competição global.

A quarta, como conseqüência das mudanças apontadas anteriormente, sustenta o surgimento de duas novas dimensões da diplomacia, a chamada "diplomacia triangular". Antes, os Estados negociavam somente entre si, agora, devem negociar também com as EMNs. De outro lado, os executivos das EMNs buscam alianças estratégicas para competir por fatias de mercado.

A quinta enfatiza que as novas dimensões diplomáticas ampliaram as opções políticas e administrativas tanto dos governos quanto das firmas. Com isso, surgiram novos problemas para serem gerenciados nas múltiplas agendas de ambos.

A sexta proposição afirma que tais mudanças aumentaram a volatilidade dos resultados da nova diplomacia. Muitos países em desenvolvimento não conseguem respostas eficientes por causa de obstáculos internos.

Em um contexto no qual a mudança tecnológica se acelerou e os recursos financeiros são mais voláteis, os ativos que atraíam IED para os países em desenvolvimento perderam seu valor. A matéria-prima utilizada na produção industrial foi reduzida, assim como a mão-de-obra. Países que apostavam nesses recursos a preços baixos viram que suas estratégias não produziram os resultados esperados. De fato, o custo de transportes e comunicação despencou e alterou o equilíbrio entre comércio e investimento. O relacionamento entre países em desenvolvimento e EMNs tornou-se mais pragmático, deixando de lado as desconfianças e críticas mútuas pela parceria em busca de competitividade e desenvolvimento interno.

Apesar das afirmações de que os Estados estão perdendo poder de barganha na disputa com as EMNs, Stopford e Strange (1991) acreditam que os governos (dos países anfitriões e dos países de origem) continuam a ter papel relevante e talvez paradoxal nesse processo.

Stopford e Strange (1991) também afirmam que os governos de países em desenvolvimento têm a preocupação de equilibrar as condições econômicas e sociais e que países pobres não podem se dar ao luxo de permitir que as forças de mercado determinem os resultados. No entanto, os autores indicam que houve uma mudança na barganha entre EMNs e governos no que se refere à oferta que os países hospedeiros fazem, em troca de IED.

O modelo de diplomacia triangular representa as relações entre governos, entre firmas e entre governos e firmas; nestas últimas ambos exercem poder e influência na sociedade internacional, como mostra a Figura 3.1.

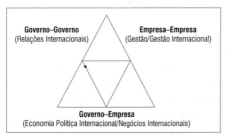

Fonte: Essa adaptação de Stopford e Strange, 1991, p. 22, considera também os comentários de Grosse e Behrman, 1992, p. 100, nota 4, a respeito das áreas do conhecimento que correspondem as três dimensões do modelo.

Figura 3.1 – Modelo de Diplomacia Triangular: Abordagem Interdisciplinar.

As mudanças na economia política internacional criaram novas assimetrias relativas aos três lados desse triângulo. O crescimento da competição global dá a impressão de que o mundo está sendo condicionado mais pela gestão de tecnocratas e menos pela noção tradicional de poder do Estado. Essa "tecnocracia" dá proeminência às firmas como elemento da rede que envolve habilidades educacionais, infra-estrutura e sistema financeiro.

Stopford e Strange (1991) denominaram essa barganha entre firmas e Estados de rede de acordos internacionais, que afetam o equilíbrio de poder. Adicionalmente, a eficiência dos acordos é determinada pelo sucesso, ou fracasso, da barganha entre os três lados (ou vértices) do triângulo. Quem se preocupa só com um dos âmbitos (Governo–Governo, Governo–Empresa, Empresa–Empresa) deixa de observar outros fatores relevantes do processo da diplomacia triangular.

Os autores tecem considerações no âmbito das relações Governo–Firma, fundamentados nas áreas de EPI e NI, e mostram as possibilidades de barganha em uma matriz. Revelam nove possíveis agendas, com base na atuação governamental, por meio da "intenção" de política de comércio (entre substituição de importações, exportação dependente, exportação independente), e com base na firma, por meio da estrutura competitiva (global, local ou recursos naturais e valor agregado).

Cabe notar que o poder de barganha oscila entre governo e firma ao longo do tempo. No início da negociação, o governo pode ter maior influência e poder, principalmente sobre questões de regulação e diante do número de concorrentes no segmento de mercado. Entretanto, essa influência pode migrar para a firma, uma vez que as operações se iniciem. Esse fluxo de poder pode ocorrer da forma inversa; a firma tem poder de barganha ao se estabelecer no país e, depois de instalada, o governo retira os incentivos fiscais e estabelece política tributária mais rígida. É a chamada "barganha obsolescente" que depende de fatores como atratividade de recursos, localidade, competitividade de mercado e natureza estratégica do negócio.

Stopford e Strange sustentam que os Estados estão perdendo poder para estabelecer políticas independentes e precisam dominar o jogo da barganha triangular. A habilidade de gerenciar múltiplas agendas simultaneamente é essencial tanto para governos quanto para empresas, pois o risco de separar essas agendas é muito alto para ambos.

Mais recentemente, Stopford (2005) afirma que a "barganha triangular continuará a explicar um bom número de interações" nas relações governo–empresa, mas "há necessidade de inserções para atualizar o modelo", que representem o papel de ambos, das organizações não-governamentais e de instituições internacionais, o poder dos indivíduos para protestar e boicotar investimentos e o poder dos Estados Unidos em favor de suas próprias empresas (a respeito desses aspectos, ver também Gilpin, 2004).

POLÍTICAS NACIONAIS E ESTRATÉGIAS DE MULTINACIONAIS

Neste subitem iremos discutir as interfaces entre governo–empresa por meio do modelo teórico desenvolvido por Murtha e Lenway (1994).

Os autores abordam as implicações das capacidades estratégicas dos Estados, nas suas interações com as firmas, e na atração de IED. Mais especificamente, o modelo mostra sob quais condições a estratégia governamental afeta os negócios das firmas.

Na definição dos autores, estratégias industriais são planos do governo para alocar recursos, com a intenção de atingir objetivos econômicos nacionais a longo prazo, inclusive crescimento e competitividade internacional. A estratégia industrial afeta a estratégia da CMN quando faz com que firmas se desviem dos seus critérios estratégicos preestabelecidos.

O modelo de Murtha e Lenway consiste em parâmetros, como a especificidade do alvo (*target specificity*), que descreve o grau em que o Estado isola os componentes da atividade econômica nacional como objeto de intervenção política. Tais parâmetros variam desde ferramentas macroeconômicas, como política monetária e política fiscal, até ferramentas microeconômicas, como subsídios e transações entre firmas.

Outro parâmetro é a credibilidade política do governo, que depende da interação público–privado. Empiricamente, a credibilidade política depende de dois fatores: (1) a reputação do governo entre os gerentes da CMN, para introduzir políticas econômicas consistentes ao longo do tempo; e (2) as escolhas estratégicas das firmas dadas as capacidades do Estado. Os arranjos institucionais são de grande importância, pois correspondem aos direitos de propriedade e às transações governamentais. A atividade econômica do Estado pode ser dividida entre os setores público e privado. Outra dimensão é a influência do planejamento autoritário *versus* a governança de mercado sobre transações e alocações de recursos domésticos.

O grau de confiança dos países varia conforme o planejamento e a regulação dessas transações interorganizacionais, que ficam a cargo do setor público ou do privado. A credibilidade aumenta à medida que diminui a autoridade do governo e o direito de propriedade estatal. Quando a autoridade pública substitui o mercado, as transações se tornam sujeitas às contingências de políticas públicas, que, por sua vez, são controladas por políticos. O perigo está na possibilidade de os políticos promoverem mudanças nas políticas públicas sem aviso prévio. O direito de propriedade do governo leva firmas a serem mais suscetíveis às demandas dos cidadãos, com objetivos políticos e sociais se sobressaindo ao lucro e à otimização econômica.

Murtha e Lenway desenvolveram uma matriz (ver Figura 3.2) em que expõem os interesses de intermediação do sistema, definindo a rede política que governa comunicação, advocacia, tomada de decisão e divisão da responsabilidade (*burden sharing*) entre os proprietários dos recursos em um dado país. No eixo vertical (y) está a governança transacional, que varia entre a coordenação e o planejamento autoritário da economia (100% de propriedade pública) até o regime de mercado (100% dos recursos pertencem ao setor privado). No eixo horizontal (x) está a propriedade de alocação de recursos, que varia na mesma proporção. Distribuídos nos quadrantes estão os países:

- de economia planificada (os regimes autoritários socialistas, como China e Cuba);
- as economias de transição, onde o Estado ainda controla grande parte dos recursos econômicos, embora a regulação de preços e atividades esteja se transferindo para o regime de mercado (países do Leste Europeu);
- os corporativistas, que estão inseridos no capitalismo, mas com grande participação de federações de indústrias e sindicatos nacionais nos fóruns das transações governamentais[1];
- e, finalmente, os pluralistas, nos quais o setor privado atua sem regulamentação do governo e sem transações de sindicatos (como nos Estados Unidos, no Reino Unido e no Canadá).

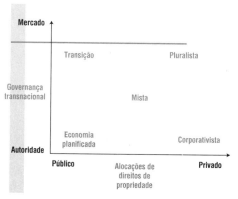

Fonte: Adaptado de Murtha e Lenway, 1994, p. 118.

Figura 3.2 – Intermediação de interesses no sistema público-privado.

---

[1] Nesse sentido, empresários e trabalhadores interagem com o governo para discutir políticas econômicas e sociais (como ocorre no Brasil, Argentina, Coréia do Sul e Alemanha).

Como mencionado anteriormente, especificidade e propriedade da alocação de recursos econômicos estão associadas à credibilidade política (ver Figura 3.3). De acordo com Murtha e Lenway (1994), transações correspondem a um nível muito baixo de especificidade e são ligadas aos países que comandam a economia; firmas correspondem a um baixo nível de especificidade e estão ligadas aos países transacionais; indústrias representam um alto grau de especificidade e estão associadas a países corporativistas; setores têm grau muito alto de especificidade e correspondem aos países pluralistas. A credibilidade política está associada mais à alocação de propriedade do que à transação governamental, por isso países corporativistas têm mais credibilidade do que economias em transição. Outro item que confirma tal argumento é a reputação do sistema judiciário, porque em países em transição, os poderes dos setores público e privado são assimétricos, e a eficácia dos tribunais fica comprometida.

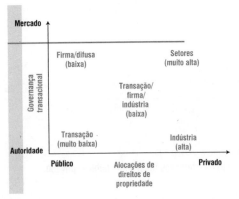

Fonte: Adaptado de Murtha e Lenway, 1994, p.121.

Figura 3.3 – Relação entre máxima especificidade do alvo/credibilidade dos mais acessíveis instrumentos de economia política.

Ainda de acordo com Murtha e Lenway, países que comandam a economia têm credibilidade política baixa, porque a economia e as firmas estão nas mãos do Estado. Entretanto, uma estratégia industrial sustentável depende da introdução de mecanismos por parte do Estado para atrair CMNs, com a participação de elementos de países em transição ou de economias mistas. No entanto, como as mudanças institucionais são lentas, quando economias fechadas introduzem elementos de mercado, a credibilidade se deteriora. Murtha e Lenway apresentam algumas estratégias de negócios por meio do desenvolvimento de vantagens para atrair CMNs (ver Figura 3.4).

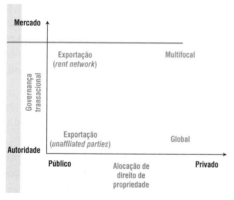

Fonte: Adaptado de Murtha e Lenway, 1994, p. 124.

Figura 3.4 – Tendências das capacidades estratégicas dos países de origem nas estratégias dos CMNs.

Para os países de regime autoritário e economias em transição, a opção seria a exportação; para os países corporativistas, seria a adoção de estratégias no âmbito global; para os pluralistas, estratégia multifocal, com descentralização da produção, informação e autoridade no processo de tomada de decisão.

MULTINACIONAIS EM PAÍSES EM DESENVOLVIMENTO

Não é recente o debate acerca do impactos das EMNs no desenvolvimento econômico dos países de operações e nas relações internacionais. Em 1973, Hymer declarou, perante o Grupo de Pessoas Eminentes do Conselho Econômico e Social das Nações Unidas, que "EMNs podem exercer o seu poder econômico em detrimento dos países de operação em desenvolvimento", causando impactos de IED no desenvolvimento econômico, transformações estruturais e também trazendo conseqüências sociais e culturais (ver Dunning, 2006, p. 119).

Segundo Dunning (2006), Hymer reconhecia os benefícios proporcionados pelas EMNs, como a transferência de recursos e capacidades e o acesso aos mercados globais. Mas este autor estava mais preocupado com as possíveis conseqüências negativas da centralização da tomada de decisões, para a soberania econômica e política e para o aspecto cultural dos países em desenvolvimento.

Estudos realizados na década de 1990[2] confirmam resultados benéficos quanto aos objetivos de IED das ETNs, mas não quanto às metas de desenvolvimento nacional dos países anfitriões.

Meyer (2004) identifica uma agenda de pesquisa, denominada "estrutura organizacional para impactos do IED em economias emergentes". Essa agenda considera os diferentes agentes envolvidos (como mostra a Figura 3.5).

Considerando que o papel das EMNs em economias emergentes é central na discussão sobre os méritos da globalização na contemporaneidade, Meyer recomenda que pesquisas futuras investiguem, além dos *spillovers* tecnológicos, um conjunto mais amplo de variáveis de impacto (como as variáveis socioambientais e o potencial de organizações não-governamentais e de códigos de ética corporativos). Para o autor, as EMNs exercem, na maioria dos

---

[2] Um exemplo é o estudo de Mortimore (2000), a respeito das estratégias corporativas de IED na América Latina.

casos, um papel positivo no desenvolvimento das economias anfitriãs. Mesmo assim ele recomenda análises mais cuidadosas dos efeitos negativos. Isso porque o bom entendimento do papel das EMNs na sociedade é condição para discutir políticas em relação a essas empresas. Para futuros estudos também podem-se avaliar a efetividade das políticas e suas influências nos IEDs, bem como nas negociações entre EMNs e governos locais.

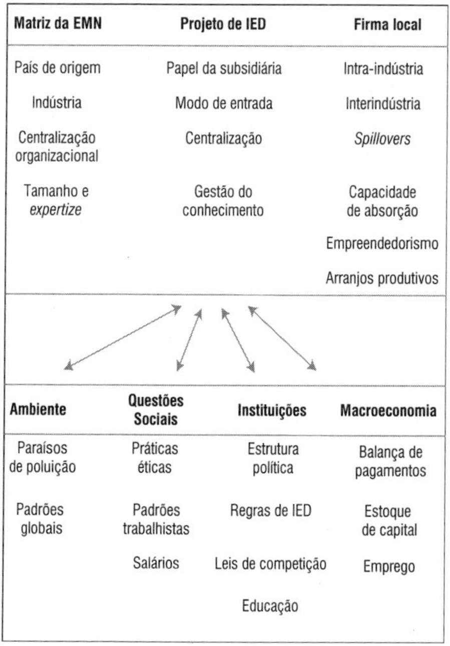

Matriz da EMN	Projeto de IED	Firma local
País de origem	Papel da subsidiária	Intra-indústria
Indústria	Modo de entrada	Interindústria
Centralização organizacional	Centralização	*Spillovers*
Tamanho e *expertize*	Gestão do conhecimento	Capacidade de absorção
		Empreendedorismo
		Arranjos produtivos

Ambiente	Questões Sociais	Instituições	Macroeconomia
Paraísos de poluição	Práticas éticas	Estrutura política	Balança de pagamentos
Padrões globais	Padrões trabalhistas	Regras de IED	Estoque de capital
	Salários	Leis de competição	Emprego
		Educação	

Fonte: Adaptado de Meyer, 2004, p. 261.

Figura 3.5 – Abordagem organizacional para impactos de IED em economias emergentes.

Ramamurti (2004) afirma que o artigo de Meyer (2004) não poderia ser mais atual. Meyer aponta a necessidade de pesquisas sobre as influências das EMNs nos países em desenvolvimento, o que seria consistente com as sugestões de Vernon (1998), de que as relações entre as partes podem se tornar adversas, apesar de aparentemente parecerem positivas.

Vernon (1998) afirma que, por mais que as economias emergentes acenem positivamente para as empresas estrangeiras, esses países em desenvolvimento terão, de tempos em tempos, muitas dúvidas sobre as contribuições de longo prazo das EMNs. Especialmente quando observarem que a grande estratégia da empresa estrangeira é construída com base na busca de fontes de insumos e de mercados globais. Cientes de que não podem se desligar da economia global, exceto a um custo elevado, esses países adotarão medidas restritivas, de tempos em tempos, necessárias para satisfazer as necessidades políticas internas. Medidas desse tipo podem ser custosas para ambos os países e para as empresas.

Ramamurti (2004) questiona a definição de Meyer para "economias emergentes". Ele considera a definição estreita por deixar de fora países em desenvolvimento considerados (ainda) de pouca atratividade por investidores. Os impactos do contexto e das políticas do país-anfitrião no comportamento das EMNs e nos fluxos de IED também devem ser levados em consideração. A análise dos impactos deve também verificar o papel de poderosos atores internacionais, como os governos de origem das EMNs, as instituições internacionais e uma variedade de ONGs, que influenciam as regras de operação das EMNs em países em desenvolvimento. Com o propósito de estender a agenda de pesquisa definida por Meyer, o autor sugere outros tópicos, que, apesar de não serem novos, são importantes na interface entre EMNs e países em desenvolvimento: (a) o crescimento dos serviços de *outsourcing* para e por EMNs; (b) o papel das diásporas como fonte do IED e da tecnologia nos países em desenvolvimento (especialmente China e Índia); (c) a emergência de novas EMNs do Terceiro Mundo.

MULTINACIONAIS DE PAÍSES EM DESENVOLVIMENTO

Beausang (2003) investiga o papel da inovação e da competitividade das CMNs e dos países em desenvolvimento. A hipótese da autora é que as CMNs do Brasil e do Chile contribuem para a competitividade desses países por transferir tecnologia e melhores práticas de administração para outras firmas domésticas. As empresas selecionadas para os estudos de caso foram Gerdau e Weg, do Brasil, Madeco e Lucchetti do Chile – quatro CMNs, com pelo menos uma subsidiária no exterior.

De acordo com Beausang (2003), os estudos de caso revelam que as CMNs brasileiras e chilenas buscam a multinacionalização como imperativo de crescimento e não apresentam uma característica própria de multinacionais do Terceiro Mundo. Isso porque suas estratégias coincidem com as multinacionais dos países desenvolvidos. Com relação às vantagens competitivas e locais dos países anfitriões e às formas de entrada, não há evidências empíricas de que haja uma categoria particular de multinacionais do Terceiro Mundo. Na década de 1960, havia uma característica peculiar das empresas latinas, chamada de "tecnologias tropicalizadas", em oposição à vantagem tecnológica do estado-da-arte existente nos países desenvolvidos. O avanço da globalização, a liberalização do comércio e a entrada de IED nos países da América Latina tornaram as empresas desses países mais competitivas. Os produtos e os processos administrativos nas empresas latino-americanas não deveriam ser muito diferentes daqueles das CMNs convencionais dos países industrializados. De fato, parece que as CMNs da América Latina estão em transição para se tornarem CMNs convencionais.

Ao final do estudo, Beausang analisou três conceitos no contexto da América Latina: (1) corporações multinacionais; (2) inovação e política de inovação; (3) competitividade, para provar que políticas de inovação podem promover transferência de competitividade das CMNs para outras firmas por meio da criação de redes.

Nas conclusões, a autora destaca que as CMNs do Brasil e do Chile são muito parecidas com as dos países desenvolvidos. Há similaridades com relação aos motivos da multinacionalização e pequenas diferenças a respeito de vantagens competitivas e locais. Além disso, diferente do que acontece no Sudeste Asiático, as políticas governamentais do Brasil e do Chile ignoram o papel das CMNs na difusão de competitividade. Entretanto, CMNs do Brasil e do Chile conseguiram transferir tecnologia e práticas administrativas para outras firmas e suas subsidiárias, o que aumenta a competitividade dos países de origem.

A tabela abaixo ilustra o ranking das maiores empresas transnacionais de países emergentes.

Tabela 3.1 As maiores empresas transnacionais de países emergentes (por ordem de ativos financeiros no exterior)

	Empresa	País	Segmento	Ativos (milhões de dólares) Exterior	Total
1	Hutchinson Whampoa	Hong Kong	Diversificado	67 638	84 162
2	Petronas	Malásia	Petróleo	22 647	62 915
3	Singtel	Cingapura	Telecomunicações	18 641	21 626
4	Samsung Electronics	Coréia do Sul	Eletroeletrônicos	14 609	66 665
6	Cemex	México	Construção	13 323	17 188
7	LG Electronics	Coréia do Sul	Eletroeletrônicos	10 420	28 903
8	China Ocean Shipping	China	Transporte marítimo	9 024	14 994
10	Jardine Matheson Holdings	Hong Kong	Diversificado	7 141	10 555
12	Petrobras	Brasil	Petróleo	6 221	63 270
13	Hyundai Motor Company	Coréia do Sul	Veículos automotores	5 899	56 387
18	América Móvil	México	Telecomunicações	4 448	17 277
21	Shangri-La Asia Limited	China	Hotelaria	4 209	5 208
25	CVRD	Brasil	Mineração	4 025	16 382
26	Oil And Natural Gas Corporation	Índia	Petróleo e gás natural	4 018	18 599
27	Kia Motors	Coréia do Sul	Veículos automotores	3 932	14 085

(continua)

	Empresa	País	Segmento	Ativos (milhões de dólares) Exterior	Ativos (milhões de dólares) Total
33	Gerdau	Brasil	Siderurgia	3 358	6 842
46	Singapore Airlines Limited	Cingapura	Transporte e armazenamento	2 423	13 368
58	Acer Inc.	China	Eletroeletrônicos	1 641	3 893
69	Gold Fields Limited	África do Sul	Metal e derivados	1 183	4 262

Fonte: UNCTAD/Erasmus University database, 2004, World Investiment Report 2006.

Ramamurti (2004) também aponta que a agenda de pesquisa de NI deve contemplar o estudo das EMNs do Terceiro Mundo.[3] Com base na agenda de pesquisa proposta por Meyer (2004), Ramamurti sustenta que as multinacionais dos países em desenvolvimento são tão importantes quanto as empresas estrangeiras para a prosperidade dos países pobres. Originalmente, essas multinacionais emergiram no contexto das políticas de substituição de importações das décadas de 1960 e 1970.

Tais firmas operavam em contexto de limitação de recursos e capital, protegidas por tarifas aduaneiras elevadas. A vantagem competitiva resultava de produtos adaptados para as condições locais; uso de insumos locais, em vez de importados; reduzidos custos de capital pelo uso de máquinas de segunda-mão; emprego de métodos intensivos de produção e de mão-de-obra, em vez de capital. Os produtos eram exportados principalmente para países pobres, e muitas das EMNs eram parte de grupos empresariais.

A liberalização econômica dos anos de 1990 obrigou a reestruturação das multinacionais. Algumas dessas empresas torna-

---

[3] A autora deste livro não concorda em reproduzir tal nomenclatura por sua vinculação com a conjuntura internacional do pós-Segunda Guerra, na qual predominavam disputas ideológicas entre os Estados Unidos (Primeiro Mundo) e União Soviética (Segundo Mundo); os demais (os não-alinhados ou fora das respectivas áreas de influências das superpotências) foram denominados Terceiro Mundo.

ram-se estatais, outras foram privatizadas, mas várias emergiram como competidores globais nas respectivas indústrias e também atuam nos principais mercados da economia mundial. Assim, diante de sua crescente inserção na economia mundial, elas passam a ser atores relevantes no âmbito da teoria e da prática de Negócios Internacionais.

capítulo 4

Considerações Finais

Este livro visa estimular a capacidade analítica do leitor a respeito dos negócios realizados além das fronteiras nacionais. Dessa forma, os debates apresentados no Capítulo 1 ilustram a complexidade da pesquisa acadêmica na área de NI e as muitas oportunidades para acadêmicos, praticantes e interessados. Os debates envolvem questões como a complexidade do fenômeno das EMNs, a ausência de consenso quanto à agenda de pesquisa na área de NI, a sobreposição das áreas de NI e GI e, finalmente, os desafios e as implicações do fenômeno da globalização.

Cabe ressaltar que, ao problematizar a globalização, esta obra se propõe a destacar as implicações desse fenômeno para a teoria e a prática de Negócios Internacionais, sem reproduzir a visão pró-globalização predominante nas literaturas de GI e NI. Essa é uma questão de central importância para o desenvolvimento da pesquisa acadêmica em países menos desenvolvidos.

Este livro assume que o entendimento das práticas de negócios internacionais de EMNs requer a adoção de abordagens interdisciplinares, com base nas áreas de Relações Internacionais, Economia Política Internacional, Negócios Internacionais e Gestão Internacional. Isso decorre do pressuposto de que estratégias e operações das EMNs envolvem múltiplos níveis de análise (global, internacional, nacional e interorganizacional), correspondentes às complexidades e interdependências de negócios realizados além das fronteiras nacionais.

A multiplicidade de abordagens teóricas, classificadas como econômicas, comportamentais, culturais, gerenciais e de barganha, apresentadas no Capítulo 2, reflete a importância e o vigor da pesquisa acadêmica e da prática de negócios internacionais no contexto internacional contemporâneo.

O destaque dado neste livro, no Capítulo 3, para a abordagem de barganha nas relações governo–empresa problematiza os impactos das estratégias de atração de investimentos externos diretos, da crescente internacionalização de empresas, das políticas governamentais e de estratégias e operações de EMNs para países em desenvolvimento.

Este livro pretende contribuir para o reconhecimento de algumas lacunas existentes na literatura de Negócios Internacionais e para preencher tais espaços. Os principais temas escolhidos foram as teorias da globalização, as relações governo–empresa em países em desenvolvimento e, finalmente, a crescente internacionalização de empresas de países em desenvolvimento. A inserção dessas empresas na economia mundial merece especial destaque, por causa do necessário desenvolvimento de pesquisa acadêmica no Brasil que as reconheça como atores relevantes nos âmbitos da teoria e da prática de negócios internacionais.

Bibliografia Comentada

BUCKLEY, P. J. (ed.). *What is International Business?* Houndmills, Basingstoke: Palgrave Macmillan, 2005.

Editado por um dos principais acadêmicos da área de Negócios Internacionais, o livro apresenta as contribuições de pesquisadores para tópicos de interesse da disciplina. Mostra que a contribuição da pesquisa em Negócios Internacionais decorre da conexão entre teoria e prática. Cabe destacar que a obra apresenta análises sobre a posição da disciplina nos currículos, nas escolas de negócios e diante da denominada "globalização da economia mundial".

FURTADO, C. *O capitalismo global*. 3. ed. São Paulo: Paz e Terra, 1999.

Coletânea de ensaios fundamental para entender historicamente as vulnerabilidades da economia brasileira, as motivações e os interesses do capital estrangeiro pelo mercado doméstico brasileiro.

GHOSHAL, S.; WESTNEY, E. (eds.). *Organization theory and the multinational corporation*. Houndmills: Palgrave Macmillan, 2005.

Os editores exploram contribuições potenciais entre as áreas de Teoria Organizacional (no nível macro das interações entre a organização e o ambiente externo) e de Gestão Internacional. Os autores afirmam que, com possível exceção da teoria da contingência, nenhum paradigma da teoria organizacional teve um impacto no estudo das empresas multinacionais e nenhuma pesquisa sobre multinacionais recebeu atenção significativa dos teóricos organizacionais.

GILPIN, R. *O desafio do capitalismo global*. Rio de Janeiro: Record, 2004.

Obra traduzida do reconhecido economista político norte-americano, destaca-se por conter uma análise abrangente da economia mundial nos seus múltiplos aspectos, entre eles, o sistema de comércio, o sistema monetário, as relações entre Estado e multinacionais, o regionalismo europeu e o movimento antiglobalização.

GONÇALVES, R. *Economia política internacional*. Rio de Janeiro: Campus/Elsevier, 2005.

O economista apresenta uma análise crítica do processo de abertura da economia brasileira na década de 1990. Mostra inicialmente a Economia Política Internacional como método para analisar a inserção do Brasil no comércio internacional, os impactos da atração de elevados volumes de investimento externo direto e as vulnerabilidades externas do país.

GROSSE, R. (ed.). *International business and government relations in the 21st century*. Cambridge: Cambridge University Press, 2005.

O livro foi editado por um pesquisador das relações governos–multinacionais e de negócios internacionais na América Latina. Proporciona uma visão ampla das principais questões que determinam essas relações neste século. São apresentados e analisados os contextos dos tomadores de decisão das empresas, dos formuladores de políticas nos governos anfitriões dos mercados emergentes e dos países de origem na tríade. Além disso, são analisados os impactos de outros atores nas relações governo–empresa.

HELD, D.; MCGREW, A. *Prós e contras da globalização*. Rio de Janeiro: Jorge Zahar, 2001.

Os autores são reconhecidos internacionalmente como especialistas na discussão do fenômeno da globalização e de suas implicações para a democracia e a governança global. Nessa análise eles problematizam a ausência de consenso e as correntes extremas que dominam o debate sobre o conceito de globalização. Em seguida, propõem uma definição mais complexa e abrangente do fenômeno contemporâneo. Os autores apresentam ainda uma análise das implicações da globalização para o Estado e a cultura nacional.

HEMAIS, C. A. (org.) *O desafio dos mercados externos*. Teoria e prática na internacionalização da firma. Rio de Janeiro: Mauad, 2004 (v. 1) e 2005 (v. 2).

O livro conta com as contribuições de vários acadêmicos brasileiros dedicados ao tema da internacionalização de empresas. O primeiro volume apresenta contribuições teóricas e está centrado no processo de internacionalização de empresas brasileiras, e o segundo apresenta estudos de casos brasileiros, abordando atividades de exportação de algumas empresas.

HIRST, P.; THOMPSON, G. *Globalização em questão*. A economia internacional e as possibilidades de governabilidade. Petrópolis: Vozes, 1998.

Este livro oferece uma crítica ao mito da globalização, partindo de uma base histórica e abordando questões econômicas e do sentido do Estado-Nação no atual contexto internacional.

KLEIN, N. *Sem logo*: a tirania das marcas em um planeta vendido. 2. ed. Rio de Janeiro: Record, 2002.

A obra trata da supervalorização da marca em substituição às antigas formas de produção, fruto de marketing potencializado com a globalização. A autora canadense também problematiza a exploração do trabalho nas regiões mais pobres do mundo que alimentam a classe consumista nos países ricos. Klein discute como as corporações combatem as marcas concorrentes para assegurar sua onipresença por meio do sistema de franquias, fusões e da censura corporativa, que não tolera nenhum prejuízo à imagem das marcas.

KORTEN, D. C. *Quando as corporações regem o mundo*: conseqüências da globalização da economia. São Paulo: Futura, 1996.

Esta obra fornece uma análise crítica acerca do crescente poder econômico e político de um reduzido grupo de corporações no mundo contemporâneo. Apesar da narrativa jornalística, o livro é relevante diante da profusão de evidências empíricas que sustentam as conseqüências humanas e ambientais da globalização da economia.

OHMAE, K. *O fim do Estado-Nação*. Rio de Janeiro: Campus, 1999.

O consultor japonês é reconhecido fora do âmbito da Administração como um hiperglobalista, pela sua excessiva ênfase em um mundo sem fronteiras, na erosão do poder do Estado e no supremo poder dos consumidores na chamada economia global. Esta obra trata da supremacia do mercado global perante a erosão do poder do Estado-Nação.

ROCHA, A. *Internacionalização das empresas brasileiras*. Rio de Janeiro: Mauad, 2002.

A obra apresenta contribuições teóricas e empíricas acerca do processo de internacionalização de empresas brasileiras. Os estudos resultam das atividades de pesquisa realizadas por acadêmicos ao longo das últimas décadas, tanto no que se refere às atividades de exportação quanto aos processos de internacionalização por meio de investimentos no exterior.

SKLAIR, L. *Sociologia do sistema global*. Petrópolis: Vozes, 1995.

Esta obra apresenta os fundamentos da teoria de sistema global do sociólogo britânico. Dentre suas contribuições, cabe destacar a abordagem sistêmica para análise do capitalismo contemporâneo, em relação a práticas transnacionais da denominada classe capitalista. Essa classe é composta de burocratas de organismos internacionais, políticos de países desenvolvidos e em desenvolvimento, executivos de empresas transnacionais e representantes das grandes corporações.

STIGLITZ, J. E. *A globalização e seus malefícios*: a promessa não cumprida de benefícios globais. São Paulo: Futura, 2002.

Acadêmico, diretor do Banco Mundial e vencedor do Nobel de Economia em 2001, o autor aponta os efeitos nocivos da globalização nos países emergentes e as restrições impostas pelos países ricos, que controlam os organismos internacionais. Stiglitz faz pesadas críticas ao FMI e propõe uma nova agenda político-econômica para lidar com a globalização.

Sites de interesse para pesquisa em Negócios Internacionais

Fundação Dom Cabral
www.domcabral.org.br (ver pesquisa em Gestão Internacional)

Instituto COPPEAD de Administração da UFRJ
www.coppead.urfj.br (ver Núcleo de pesquisa em Gestão Internacional)

Escola Brasileira de Administração Pública e de Empresas da Fundação Getúlio Vargas (EBAPE/FGV)
www.ebape.fgv.br (ver Grupo de Estudos Internacionais – GEI)

Academy of Management
www.aomonline.org (ver *International Management Division*)

Academy of Internacional Business
www.aib.msu.edu

Referências Bibliográficas

ACEDO, F.; CASILLAS, J. Current paradigms in the international management field: an author co-citation analysis. *International Business Review*, v. 14, p. 619-639, 2005.

AKTOUF, O. Governança e pensamento estratégico: uma crítica a Michael Porter. *Revista de Administração de Empresas*, v. 42, n. 3, p. 43-53, 2002.

ALIBER, R. A theory of foreign direct investment. In: KINDLEBERGER, C. (ed.) *The international corporation*. Cambridge, Massachusetts: The MIT Press, 1970.

BARTLETT, C.; GHOSHAL, S. *Managing across borders*: The transnational solution. Boston: Harvard Business School Press, 1989.

_____. *Gerenciando empresas no exterior*: a solução transnacional. São Paulo: Makron Books, 1992.

_____. *Transnational management*. 2. ed. Boston: McGraw-Hill, 1998.

BEAUSANG, F. *Third World multinationals*. Houndmills: Palgrave, 2003.

BEHRMAN, J. N. Direct private foreign investments. In: MIKESELL, R. F. *U.S. private and government investmente abroad*. Eugene, Oregon: University of Oregon Press, 1962.

BEHRMAN, J. N.; GROSSE, R. *International Business and government*. Columbia, SC: University of South Carolina Press, 1990.

BEYER, P. *Religion and globalization*. Thousand Oaks, CA: Sage Publications, 1994.

BIRKINSHAW, J. *Entrepreneurship in the global firm*. London: Sage, 2000.

_____. *Future of the multinational company*. Chichester: John Wiley & Sons, 2003.

BODDEWYN, J. Political aspects of MNE theory. *Journal of International Business Studies*, p. 341-363, 1988.

_____. Political behavior research. In: BUCKLEY, P. (ed.). *New directions in International Business*: Research priorities for the 1990s. Aldershot: Edward Elgar, 1992.

_____. The conceptual domain of international business: Territory, boundaries, and levels. In: TOYNE, B.; NIGH, D. (eds.). *International Business*: An emerging vision. Columbia, SC: University of South Carolina Press, 1997. p. 50-61.

_____. The domain of international management. *Journal of International Management*, v. 5, p. 3-14, 1999.

BODDEWYN, J.; BREWER, T. International Business Political behavior: new theoretical directions. *Academy of Management Review*, v. 19, n. 1, p. 119-143, 1994.

BODDEWYN, J., TOYNE, B.; MARTÍNEZ, Z. The meanings of "International Management". *Management International Review*, v. 44, n. 2, p. 195-212, 2004.

BUCKLEY, P. The role of management in International Business theory: A meta-analysis and integration of the literature on International Business and International Management. *Management International Review*, v. 36, n. 1, 1996.

_____. Is the international business research agenda running out of steam? *Journal of International Business Studies*, v. 33, n. 2, p. 365-373, 2002.

BUCKLEY, P. *What is International Business?* Houndmills, Basingstoke: Palgrave Macmillan, 2005.

BUCKLEY, P; CASSON, M. *The future of the multinational enterprise*. London: Macmillan, 1976.

_____. (ed.) *Multinational enterprises in the world economy*: Essays in honour of John H. Dunning. Cheltenham: Edward Elgar, 1992.

_____. The future of the multinational enterprise in retrospect and in prospect. *Journal of International Business Studies*, v. 34, n. 2, p. 219-222, 2003.

CAIRNCROSS, F. C. *The death of distance*: How the communications revolution is changing our lives. Cambridge, MA: Harvard Business School Press, 1997.

CASSON, M. *The growth of International Business*. London: George Allen and Unwin, 1983.

CAVES, R. *International corporations*: The industrial economics of foreign investment. Cambridge Surveys of Economic Literature Series. Cambridge: Cambridge University Press, 1971.

_____. Research on International Business: Problems and prospects. *Journal of International Business Studies*, v. 29, n. 1, p. 5-19, 1998.

CHILD, J. Culture, contingency and capitalism in the cross-national study of organization. In: STAW, B. M.; CUMMINGS, L. L. (eds.). Research in organizational behavior. New York: JAI Press, 1981. v. 3, p. 303-356.

CHOUCRI, N. (ed.). *Global accord*. Environmental challenges and international responses. Cambridge, Massachusetts: The MIT Press, 1993.

CLARK, T.; KNOWLES, L. Global myopia: Globalization theory in International Business. *Journal of International Management*, v. 9, p. 361-372, 2003.

COASE, R. The nature of the firm, economia. *New Series*, n. 4, p. 386-405, 1937.

CONTRACTOR, F. The raison d'être for International Management as a field of Study. *Journal of International Management*, v. 6, p. 3-10, 2000a.

CONTRACTOR, F. What "International" subtopics are crucial to Business education? *Journal of International Management*, v. 6, p. 61-70, 2000b.

CORNELIUS, P.; BRUCE, K. *Corporate governance and capital flows in a global economy*. New York: Oxford University Press, 2003.

COWLING, K.; TOMLINSON, P. Globalisation and corporate power. *Contributions to political economy*, v. 24, p. 33-54, 2005.

CRYSTAL, D. *English as a global language*. New York: Cambridge University Press, 1998.

DICKEN, P. *Global shift* – Transforming the world economy. 3. ed. London: Paul Chapman, 1998.

DOH, J. Offshore outsourcing: Implications for International Business and Strategic Management theory and practice. *Journal of Management Studies*, v. 42, n. 3, p. 695-704, 2005.

DOZ, Y.; PRAHALAD, C. Managing DMNCs: A search for a new paradigm. *Strategic Management Journal*, v. 12, p. 145-164, 1991.

_____. Managing MNCs: A search for a new paradigm. In: GHOSHAL, S.; WESTNEY, E. (eds.). *Organization theory and the multinational corporations*. 2. ed. Houndmills: Palgrave, 2005.

DUNNING, J. Trade, location and economic activity and the multinational enterprise: A search for an eclectic approach. In: OHIN, B.; HESSELBONR, P.; WIKMAN, P. (eds.). *The international allocation of economic activity*. London: Macmillan, 1977. p. 395-418.

_____. Towards an eclectic theory of international production: Some empirical tests. *Journal of International Business Studies*, p. 9-31, Spring/Summer 1980.

_____. The eclectic paradigm of international production: A restatement and some possible extensions. *Journal of International Business Studies*, p. 1-31, 1988.

_____. The study of International Business: A plea for a more interdisciplinary approach. *Journal of International Business Studies*, v. 20, n. 3, p. 411-436, 1989.

DUNNING, J. *Multinational enterprise and the global economy.* Reading, MA: Addison-Wesley, 1992.

_____. *Multinational enterprise and the global economy.* Wokingham: Addison-Wesley, 1993.

_____. Multinational enterprises and the global economy. *Journal of International Business Studies,* v. 25, n. 1, p. 190-193, First Quarter 1994.

_____. An overview of relations with national governments. *New Political Economy,* v. 3, n. 2, jul. 1998.

_____. The key literature on IB activities: 1960-2000. In: RUGMAN, A; BREWER, T. (eds.). *The Oxford handbook of International Business.* Oxford: Oxford University Press, 2001. p. 36-68.

_____. Perspectives on International Business research: A professional autobiography fifty years researching and teaching International Business. *Journal of International Business Studies,* v. 33, n. 4, p. 817-835, 2002.

_____. The contribution of Edith Penrose to International Business scholarship. *Management International Review,* v. 43, n. 1, p. 3-19, 2003a.

_____. The moral imperatives of global capitalism: An overview. In: DUNNING, J (ed.). *Making globalization good*: The moral challenges of global capitalism. London: Oxford University Press, 2003b. p. 11-40.

_____. When I met Hymer: Some personal recollections. *International Business Review,* v. 15, p. 115-123, 2006.

DYMSZA, W. Future International Business research and multidisciplinary studies. *Journal of International Business Studies,* v. 15, n. 1, p. 9-13, 1984.

EASTERBY-SMITH, M.; MALINA, D. Cross-cultural collaborative research: Toward reflexivity. *Academy of Management Journal,* v. 42, p. 76-86, 1999.

EVANS, P. *Dependent development.* Princeton, NJ: Princeton University Press, 1979.

FAYERWEATHER, J. *Executive overseas*: Administrative attitudes and relationships in a foreign culture. Syracuse: Syracuse University Press, 1959.

_____. *International Business management* – A conceptual framework. New York: McGraw-Hill, 1969.

FORSGREN, M. The concept of learning in the Uppsala internationalization process model: A critical review. *International Business Review*, v. 11, p. 257-277, 2002.

FRIEDMAN, L. *O mundo é plano*: uma breve história do século XXI. Rio de Janeiro: Objetiva, 2005.

FURTADO, C. *O capitalismo global*. 3. ed. São Paulo: Paz e Terra, 1999.

GARCIA-JOHNSON, R. *Exporting environmentalism*. Cambridge, MA: MIT Press, 2000.

GEPPERT, M.; MAYER, M. (eds.). *Global, national and local practices in multinational companies*. Houndmills: Palgrave Macmillan, 2005.

GHOSHAL, S. Global strategy: An organizing framework. *Strategic Management Journal*, v. 8, p. 425-440, 1987.

GHOSHAL, S.; MORAN, P. Bad for practice: A critique of the transaction cost theory. Academy of Management. *Academy of Management Review*, v. 21, n. 1, p. 13-47, jan. 1996.

GHOSHAL, S.; NOHRIA, N. Internal differentiation within multinational corporations. *Strategic Management Journal*, v. 10, n. 4, p. 323-338, 1990.

GHOSHAL, S.; WESTNEY, E. (eds.). *Organization theory and the multinational corporation*. 2. ed. Houndmills: Palgrave Macmillan, 2005.

GIDDENS, A. *The consequences of modernity*. Stanford, CA: Stanford University Press, 1990.

GILPIN, R. *US power and the multinational corporations*. New York: Basic Books, 1975.

_____. *The political economy of International Relations*. Princeton, Oxford: Princeton University Press, 1987.

GILPIN, R. *Global political economy*. Princeton: Princeton University Press, 2001.

_____. *O desafio do capitalismo global*: a economia mundial no século XXI. Rio de Janeiro: Record, 2004.

GLADWIN, T.; WALTER, I. *Multinational under fire*. Lessons in the Management of conflict. New York: John Wiley, 1980a.

_____. How multinationals can manage social and political forces. *Journal of Business Strategy*, n. 1, p. 54-68, 1980b.

GONÇALVES, R. *Economia política internacional*. Rio de Janeiro: Campus/Elsevier, 2005.

GROSSE, R. An imperfect competition theory of the MNE. *Journal of International Business Studies*, p. 57-80, jun. 1985.

_____. (ed.). *International Business and government relations in the 21st century*. Cambridge: Cambridge University Press, 2005.

GROSSE, R.; BEHRMAN, J. Theory in International Business. *Transnational Corporations*, v. 1, n. 1, p. 93-126, 1992.

GUEDES, A. Pesquisa internacional em gestão: abordagem interdisciplinar com múltiplos níveis de análise. In: VIEIRA, M.; ZOUAIN, D. (org.). *Pesquisa qualitativa em administração*: teoria e prática. Rio de Janeiro: Editora FGV, 2005.

_____. Internacionalização de empresas como política de desenvolvimento: uma abordagem de diplomacia triangular. *Revista de Administração Pública*, Rio de Janeiro, v. 40, n. 3, p. 335-356, maio/jun. 2006.

HADJIKHANI, A. The political behavior of Business actors – The case of Swedish MNCs and the EU. *International Studies of Management and Organization*, v. 30, n. 1, p. 93-117, 2000.

HALEY, U. *Multinational corporations in political environments*. Singapore: World Scientific, 2001.

HAMPDEN-TURNER, C.; TROMPENAARS, F. *The seven cultures of capitalism*. London: Piatkus, 1995.

HEDLUND, G. A model of knowledge management and the N-form corporation. *Strategic Management Journal*, v. 15, n. 3, p. 73-91, 1994.

HELD, D.; MCGREW, A. *Prós e contras da globalização*. Rio de Janeiro: Jorge Zahar, 2001.

HEMAIS, C. *O desafio dos mercados externos*: teoria e prática na internacionalização da firma. Rio de Janeiro: Mauad, 2004. v. 1.

_____. *O desafio dos mercados externos*: teoria e prática na internacionalização da firma. Rio de Janeiro: Mauad, 2005. v. 2.

HEMAIS, C.; HILAL, A. O processo de internacionalização da firma segundo a escola nórdica. In: ROCHA, A. *Internacionalização das empresas brasileiras*. Rio de Janeiro: Mauad, 2002. p. 15-40.

HENNART, J. *A theory of multinational enterprise*. Michigan: University of Michigan Press, 1982.

HIRST, P.; THOMPSON, G. *Globalização em questão*. A economia internacional e as possibilidades de governabilidade. Petrópolis: Vozes, 1998.

HOFSTEDE, G. *Culture's consequences*. London: Sage, 1980.

_____. Cultural constraints in Management theories. *Academy of Management Executive*, v. 1, p. 81-94, 1993.

HUNTINGTON, S. *The clash of civilizations and the remaking of world order*. New York: Touch-stone Books, 1996.

HUNTINGTON, S. *O choque de civilizações e a recomposição da ordem mundial*. Rio de Janeiro: Objetiva, 2001.

HYMER, S. *The international operations of national firms*: A study of direct investment. Cambridge: The MIT Press, 1976.

_____. The multinational corporation and the law of uneven development. In: LITTLE, R.; SMITH, M. (eds.). *Perspectives on world politics*. 2. ed. London: Routledge, 1991.

INKPEN, A.; BEAMISH, P. An analysis of twenty-five years of research in the Journal. *Journal of International Business Studies*, v. 25, n. 4, p. 703-714, 1994.

JACK, G. Book Reviews. International and Cross-Cultural Management Research. *Journal of Marketing Management*, v. 15, p. 193-206, 1999.

JAMESON, F.; MIYOSHI, M. *The cultures of globalization*. Durham: Duke University Press, 1998.

JENKINS, R. *Transnational corporations and uneven development*. London: Routledge, 1987.

JOHANSON, J.; VAHLNE, J. The internationalization process of the firm: A model of knowledge development and increased market commitments. *Journal of International Business Studies*, v. 8, n. 1, p. 23-32, 1977.

JOHN, S.; THOMSON, S. *New activism and the corporate response*. New York: Palgrave Macmillan, 2003.

JONES, G. Control, performance, and knowledge transfers in large multinationals: Unilever in the United States, 1945-1980. *Business History Review*, v. 76, n. 3, p. 435-478, 2002.

JONES, M. The competitive advantage of the transnational corporations as an institutional form. A reassessment. *International Journal of Social Economics*, v. 27, n. 7-10, p. 943-958, 2000.

KEDIA, B. Globalization and the future of international management education. *Journal of International Management*, v. 12, p. 242-245, 2006.

KINDLEBERGER, C. *American Business abroad*. Cambridge, Massachusetts: The MIT Press, 1969.

_____. Stephen Hymer and the multinational corporation. *Contributions to Political Economy*, v. 21, p. 5-7, 2002.

KLEIN, N. *No logo*: Taking aim at the brand bullies. New York: Picador US, 1999.

KOGUT, B. Designing global strategies: Comparative and competitive valued-added chains. *Sloan Management Review*, p. 15-28, summer 1985.

_____. International Business: The new bottom line. *Foreign Policy*, p. 152-165, spring 1998.

KOONTZ, H. The management theory jungle revisited. *Academy of Management Review*, n. 5, p. 175-187, 1980.

KORTEN, D. *Quando as corporações regem o mundo*: conseqüências da globalização da economia. São Paulo: Futura, 1996.

LIEBERWITZ, R. What social responsability for the corporation? A report on the United States. *Managerial Law*, v. 47, n. 5, p. 4-19, 2005.

MARTÍNEZ, Z.; TOYNE, B. What is International Management and what is its domain? *Journal of International Management*, v. 6, p. 11-28, 2000.

MEYER, K. Perspectives on multinational enterprises in emerging economies. *Journal of International Business Studies*, v. 35, p. 259-276, 2004.

MOKKIBER, R.; WEISSMAN, R. *Corporate predators*. Monroe: Common Courage, 1999.

MONBIOT, G. *The captive State*. The corporate takeover of Britain. London: Macmillan, 2000.

MORAN, T. *Multinational corporations and the politics of dependence*. New Jersey: Princeton University Press, 1974.

MORTIMORE, M. Corporate Strategies for FDI in the Context of Latin America's New Economic Model. *World Development*, v. 28, n. 9, p. 1611-1626, 2000.

MOTTA, P.; VASCONCELOS, I. *Teoria geral da Administração*. São Paulo: Pioneira Thomson Learning, 2004.

MURTHA, T.; LENWAY, S. Country capabilities and the strategic State: How a national political institutions affect multinational corporations' strategies. *Strategic Management Journal*, v. 15, p. 113 -129, 1994.

OHMAE, K. *Triad power*: The coming shape of global competition. New York: Free Press, 1985.

_____. *The borderless world*. New York: Harper-Collins, 1990.

_____. *O fim do Estado-Nação*. Rio de Janeiro: Campus, 1999.

PENROSE, E. T. *The theory of the growth of the firm*. Oxford: Basil Blackwell, 1959.

PRAHALAD, C.K.; DOZ, Y. *The multinational mission*: Balancing local demands and global vision. New York: The Free Press, 1987.

PORTER, M. The competitive advantage of nations. *Harvard Business Review*, p. 73-93, 1990.

RAMAMURTI, R. Developing countries and MNEs: Extending and enriching the research agenda. *Journal of International Business Studies*, v. 35, n. 4, p. 277-283, 2004.

RANGAN, S. The unending embrace: Raymond Vernon, multinational enterprises, and national governments. *Journal of International Management*, v. 6, p. 327-334, 2000.

RICKS, D.; TOYNE, B.; MARTÍNEZ, Z. Recent developments in International Management Research. *Journal of Management*, v. 16, n. 2, p. 219-253, 1990.

ROBERTSON, R. *Globalization*: Social theory and global culture. Thousand Oaks, CA: Sage Publications, 1992.

ROBINSON, R. *International business Policy*. New York: Holt, 1964.

ROCHA, Angela. *Internacionalização das empresas brasileiras*. Rio de Janeiro: Mauad, 2002.

RODRIK, D. *Has globalization gone too far?* Washington, DC: Institute for International Economics, 1997.

ROTH, K.; KOSTOVA, T. The use of the multinational corporation as a research context. *Journal of Management*, v. 29, n. 6, p. 883-902, 2003.

RUGMAN, A. *Inside the multinationals*. London: Croom Helm, 1981.

_____. Regional strategy and the demise of globalization. *Journal of International Management*, v. 9, p. 409-417, 2003.

RUGMAN, A.; BREWER, T. *The Oxford handbook of International Business*. Oxford: Oxford University Press, 2001.

RUGMAN, A.; VERBEKE, A. Extending the theory of the multinational enterprise: Internationalization and strategic management perspective. *Journal of International Business Studies*, v. 34, p. 125-137, 2003.

SHENKAR, O. One more time: International business in a global economy. *Journal of International Business Studies*, v. 35, p. 161-171, 2004.

SKLAIR, L. *Sociologia do sistema global*. Petrópolis: Vozes, 1995.

_____. As political actors. *New Political Economy*, v. 3, n. 2, p. 284-287, jul. 1998.

_____. *The transnational capitalist class*. Oxford: Blackwell, 2001.

_____. *Globalization*. Capitalism and its alternatives. Oxford: Oxford University Press, 2002.

STIGLITZ, J. *A globalização e seus malefícios*: a promessa não cumprida de benefícios globais. São Paulo: Futura, 2002.

STOPFORD, J. Book review. Multinational enterprises and the global economy by John Dunning. *Journal of International Business Studies*, v. 25, n. 1, p. 190-193, 1994.

_____. Book review. The Oxford Handbook of International Business by Alan M. Rugman and Thomas L. Brewer. *Journal of International Business Studies*, v. 33, n. 4, p. 839-842, 2002.

_____. Revisiting rival states: beyond the triangle? In: GROSSE, R. *International business and government relations in 21st century*. Cambridge: Cambridge University Press, 2005.

STOPFORD, J.; STRANGE, S. *Rival states, rival firms*: Competition for world-market shares. Cambridge: Cambridge University Press, 1991.

STOPFORD, J.; WELLS, L. T. *Managing the multinational enterprise*. London: Longmans, 1972.

STRANGE, S. *States and markets*. Londres: Pinter, 1994.

_____. *The retreat of the State*. Cambridge: Cambridge University Press, 1996.

SULLIVAN, D. Cognitive tendencies in International Business Research: Implications of a "Narrow Vision". *Journal of International Business Studies*, v. 29, n. 4, p. 837-855, 1998a.

SULLIVAN, D. The ontology of International Business. A comment on International Business: An emerging vision. *Journal of International Business Studies*, v. 29, n. 4, p. 877-885, 1998b.

SUNDARAM, A.; BLACK, J. The environment and internal organization of multinational enterprises. *Academy of Management Review*, v. 17, n. 4, p. 729-757, 1992.

TAYEB, M. Book Review; Handbook of cross-cultural management. *Journal of International Business Studies*, v. 34, n. 3, p. 310-311, 2003.

TEECE, D. *The multinational corporation and the resource cost of international technology transfer.* Cambridge, Massachusetts: Ballinger, 1976.

_____.Transactions cost economics and the multinational enterprise: An assessment. *Journal of Economic Behavior and Organization*, n. 7, 1986.

THOMAS, A.; SHENKAR, O.; CLARKE, L. The globalization of our mental maps: Evaluating the geographic scope of JIBS coverage. *Journal of International Business Studies*, v. 25, n. 4, p. 675-686, 1994.

TOYNE, B. The conceptual frontiers of international business. In: ISLAM, I.; SHEPHERD, W. (eds.). *Current issues in international business*. Lyme, NH: Edward Elgar Publishing, 1997. p. 35-59.

TOYNE, B.; NIGH, D. A. *International business*: An emerging vision. Columbia: University of South Carolina Press, 1997.

_____. More expansive view of International Business. *Journal of International Business Studies*, v. 29, n. 4, p. 863-875, 1998.

UNCTAD; Roland Berger Associates. *Service offshoring takes off in Europe – In search of improved competitiveness*. Paris: United Nations Conference on Trade and Development, 2004.

USUNIER, J. *International & cross-cultural management research*. London: Sage, 1998.

VAN MAANEN, J. Mickey on the move: Observation on the flow of culture in the multinational corporation. In: GHOSHAL, S.; WESTNEY, E. (eds.). *Organizational theory and the multinational corporation*. 2. ed. Houndmills: Palgrave, 2005.

VERNON, R. International trade and international investment in the product cycle. *Quarterly Journal of Economics*, p. 190-207, 1966.

_____. *Sovereignty at Bay*. New York: Praeger, 1971.

_____. The product cycle hypothesis in a new international environment. *Oxford Bulletin of Economics and Statistics*, v. 41, p. 255-267, nov. 1979.

_____. Contributing to an international business curriculum: An approach from the flank. *Journal of International Business Studies*, v. 25, n. 2, p. 215-227, 1994.

_____. *In the Hurricane's eye*: The troubled prospects of multinational enterprises. Boston: Harvard University Press, 1998.

WATERS, M. *Globalization*. 2. ed. New York: Routledge Press, 2001.

WELLS, L. *The product cycle and international trade*. Boston: Harvard Business School Press, 1972.

_____. Multinational enterprises in the world economy: Essays in the honour of John Dunning. *Journal of International Business Studies*, v. 24, n. 2, 1993.

WERNER, S. Recent developments in International Management Research: A review of 20 top management journals. *Journal of Management*, v. 28, n. 3, p. 277-305, 2002.

WESTNEY, D. Institutional theory and the multinational corporation. In: GHOSHAL, S.; WESTNEY, E. (eds.). *Organization theory and the multinational corporations*. 2. ed. Houndmills: Palgrave, 2005.

WILLIAMSON, O. *Markets and hierarchies*. New York: Free Press, 1975.

_____. The modern corporation: Origins, evolution attributes. *Journal of Economic Literature*, v. 9, p. 1537-1568, 1981.

_____. *The economic institutions of capitalism*: Firms, markets, relational contracting. New York: Free Press, 1985.

WORSLEY, P. *Knowledges*: Culture, counterculture, subculture. New York: New Press, 1999.